JN439109

청어詩人選 234

그대 봄꽃 그렇다고 서러워 마오

공가람 시집

도서출판 청어

그대 봄꽃 그렇다고 서러워 마오

공가람 지음

발 행 처 · 도서출판 **청어**
발 행 인 · 이영철
영　　업 · 이동호
홍　　보 · 천성래
기　　획 · 남기환
편　　집 · 방세화
디 자 인 · 이수빈 | 김영은
제작이사 · 공병한
인　　쇄 · 두리터

등　　록 · 1999년 5월 3일
(제1999-000063호)

1판 1쇄 발행 · 2020년 4월 30일

주소 · 서울특별시 서초구 남부순환로 364길 8-15 동일빌딩 2층
대표전화 · 02-586-0477
팩시밀리 · 0303-0942-0478

홈페이지 · www.chungeobook.com
E-mail · ppi20@hanmail.net
ISBN · 979-11-5860-841-5(03810)

본 시집의 구성 및 맞춤법, 띄어쓰기는 작가의 의도에 따랐습니다.

이 도서의 국립중앙도서관 출판시도서목록(CIP)은 서지정보유통지원시스템 홈페이지(http://seoji.nl.go.kr)와 국가자료공동목록시스템(http://www.nl.go.kr/kolisnet)에서 이용하실 수 있습니다.(CIP제어번호: CIP2020013818)

그대 봄꽃
그렇다고
서러워 마오

공가람 시집

시인의 말

빛이 바랜 사진처럼 어린 시절의 초가집과 언제나 밖을 향해 열려 있던 우리 집 싸리문, 돌담 사이사이로 피고 지던 채송화, 토끼풀꽃, 소국들 그리고 이름 없는 작은 꽃잎들.

그 옛날의 흔적들은 지금도 이렇게 눈만 감으면 볼 수 있고 두 손을 뻗으면 만질 수 있을 것 같은데 현실에서는 점점 멀어지는 모습들로 남아있습니다.

밤이 되면 동네 어귀에서 들려오는 부엉이 우는 소리에 장단을 맞추던 우리 집 복실이, 밤이 깊을수록 별과 달이 마을을 훤하게 비추고 별똥별을 따라서 친구와 걷고 뛰고 하던 추억들…… 세월이 흘러 진토가 되어 넋이라도 남아있을지언정 과연 잊을 수가 있을까요.

요즘 아이들에게는 상상도 할 수 없는 하찮은 내용이며 줄거리이지만 영원히 잊을 수 없는 어린 시절의 추억으로 남아있는 가슴 두근거리는 이야기를 이 작은 책속에 담고 담아서 생각나는 대로 순서 없이 적어봅니다.

가슴 속에 잊을 수가 없는 숨은 이야기들이 있어서 나의 삶의 버팀목이 되었다고 감히 생각하며 너무나 맑은 눈동자로 관찰하던 그 시절의 이야기를 한 권의 작은 시집으로 대신하고 공유하려 합니다.

저의 부족한 글을 아름다운 시집으로 출간해 준 선생님들께 먼저 큰마음으로 감사 인사를 올립니다.

2020년 봄

서재에서 공가람 올림

차례

4 시인의 말

1부 그대 봄꽃 그렇다고 서러워 마오

10 그대 봄꽃 그렇다고 서러워 마오
11 금낭화
12 늙은 호박
13 망초꽃 1
14 망초꽃 2
15 망초꽃 3
16 민들레
17 버찌 열매
18 봉숭아 꽃물 들이는 밤
19 사과의 질투
20 서운암 들꽃 콘서트
21 소인국 패랭이 나라
22 잡초 이야기
24 진달래 화전
26 조화(造花)
28 청포도가 익어갈 무렵
29 토끼풀꽃 추억 한 묶음
30 파 일생
31 호박
32 자리끼
33 숲 속에서
34 고향의 오디 열매
36 꽃꽂이
37 꽃샘 설국
38 꽃샘추위
39 꽃잎이 떨어진다

2부 아기천사의 방

42 무지개
43 하늘에는
44 작은 행복
46 음악마을
48 아름다운 그림
49 어린 날의 추억
50 아기천사의 방
51 아침
52 나의 방
54 미운 그녀

55 빌고 있는 생
56 어머니
58 아버지
59 바느질 하시는 할머니
60 반딧불이의 밤 여행
62 봄소식 전하는 제비꽃
63 꽃게
64 분수대 앞
65 느낌표를 꾹 찍고 싶다
66 사진을 보며
68 그리운 아버지
70 인생은
71 장맛비와 해의 속삭임
72 종소리
74 친구들 모임
76 친구

3부 가을로 가는 여행

80 가을로 가는 여행
81 감자밭
82 가을이 익어갈 무렵
83 보리가 익어가던 들판에는
84 가을비
86 긴 여행길에서
88 달천의 개구리 소리
89 달빛차 우려내어
90 달을 안고 누운 주산지
92 당산나무야
93 내소사 가는 길
94 내소사 관음보살님
96 메뚜기의 추억
98 햇볕차
100 하얀 손수건
101 하늘
102 은행잎
104 완성된 학
105 연곡사 단풍
106 작은 오솔길
108 장독대 옆 석류나무
109 질박한 항아리
110 짧은 시간 긴 이야기
112 인연이 모이는 곳
114 충주호에 담은 그리움
116 하루 일기

4부 바위가 되기 위한 기도

118 군사우편
120 망향의 한
122 말은 잊었습니다
124 바위가 되기 위한 기도

126 친해진 밤
128 비 내리는 밤
130 삶의 허무를 태우며
132 고요히 흐르는 한탄강
133 실수와 요령
134 전봇대
136 흔들리는 지구
138 그 손
140 터널
142 산은 말이 없고
143 썰물이 밀려 내려간다
144 빛바랜 사진을 보며
145 눈물의 이삿짐
146 대구 지하철에서
148 산은 말이 없고
149 의자들의 상념
150 이정표
152 태풍이 불어온다
154 행복 뒤에 숨어 있는 불행
155 먼 데 있다고 생각했는데
156 슬픈 유행가 가락에

5부 고향 하늘 아래에는

158 공원 벤치에서
160 구룡사 가는 길
162 고향 하늘 아래에는
163 나의 동반자
164 문(門)
166 봄비
167 부엌에서
168 새벽 기차
169 새해 달력
170 숲
172 휴지통
174 싸리문
176 아랫목에 누워
178 시어머니
179 여름
180 오월의 향연
182 연못에 비친 목련
183 오징어 눈
184 욕심의 그릇
185 일기
186 차 한 잔과 지혜의 열매
187 청사초롱 불 밝히고
188 강
189 충실한 나의 비서
190 희망은 우리 곁에
192 휴식

1부

그대 봄꽃
그렇다고
서러워 마오

그대 봄꽃 그렇다고 서러워 마오

봄은 소리 없이 지고
세상 밖을 구경하던 꽃잎들이
한 잎 두 잎 내리더니
길 옆 자동차 위에 하얗게 앉아있네
세상이 혼탁하여 더 보고 싶지 않았소?
가로수 밑에 풀내음이
그리워졌나 보구려!

어차피 바람 따라 구름 따라
가야 할 몸인 것을
보석 같은 이슬 머금고 이사를 가네
그대가 태어나고
자란 곳을 잊고 싶었소?
돌아보지도 않고 이사를 가네

어느 곳에서 넋을 잃더라도
배웅도 하지 않았다고 서러워 마오
거친 바람소리 빙자하여 우지도 마오

나와 함께 했던 봄날은 더욱 잊지 마오
그대 봄꽃들이여
그렇다고 서러워 마오

금낭화

연못 주위에
꽃들이 명찰을 달고 재잘거린다
조용한 금낭화 그의 주머니에
아집과 욕심을 담아내느라 여념이 없다
그는 나를 보기 위해 잠시 고개 돌리고
나는 그를 보기 위해 몸을 낮춘다

땅속에 있을 때부터 키워
늘어뜨린 가지 끝에
무리 지어 매달려있는
꽃분홍 치마저고리
휘어진 손으로 어른 잎을 쥐고
조랑조랑 매달린 어린 금낭화 꽃
밤사이 바람에 다칠까
잠도 이루지 못한 채 지키고 있구나

그를 탐내던 나비와 벌은
복주머니 속이 궁금해 치마 끝에 앉아 있네
생명 같은 꿀 가득 퍼 올려 머리에 이고
강풍에도 꺾이지 않는 귀향길 서둔다
금낭화 별이 지는 언덕에서
잘 가라 인사하네

늙은 호박

만인을 위해
태어난 호박
흐트러짐 없는
몸으로
늙을수록
아름답다

귀한 보석
가진 사람
경계하고 지키느라
걱정만 늘어나지만
남을 위해
쓰여서
그 목숨 마친 뒤에는
생을 소유하지 않고
미련 없이
떠나간다
우리에게
베푼 삶
잊을 수가
없다네

망초꽃 1

천둥소리가 가까이 있고
비바람 칠까
나는 조마조마한데
너는 무엇을 생각하고
그렇게 비를 맞고 서있니
어린 꽃대가 애처롭기만 한데
번개가 친다고 두 손으로
얼굴을 가리우면
더 무섭지 않겠니?
천둥소리 요란해도 끄떡도 않고
먼 하늘 보고 서있구나
흔들리고 흔들려도
오직 꽃을 피우기 위해
그렇게 높이 올라갔구나

꽃잎이 질 때 꼭 날 부르렴
가느다란 너의 입술
받아서 내 가슴에 담아놓게
너의 흔적 간직하고 싶어
그렇게
그렇게
나의 가슴속에 간직하고 싶어

망초꽃 2

일렬 순으로 서 봐
아니 키 순으로
나는 선생님
너희들은 망초 어린이
누가 제일 예쁜지 볼까
손들어
손들어 봐
선생님 노래에 맞추어
서로서로 손잡고 흔드는
작은 얼굴들
순결하고 착한 망초 어린이
……
너의 순수한 자태
한 아름 내게 주고
떠난다면
외로운 창가
말동무되어
외롭지 않으리

망초꽃 3

마음 한 구석이 설레인다
망초꽃이 나를 보고
웃고 있기 때문이다
겨울이 녹아 있는 한 자락에
여정을 풀어놓은 망초꽃
너를 보기 위해
이미 걸음도 멈추었고
발아래 잔뿌리가
돋아날 것 같구나
이제 걷고 싶지 않다
무작정 서있고 싶다
잔뿌리가 무성해도
……
땀이 비 오듯 흐른다
흐드러진 일상에서
약하지만
강한 망초꽃
결코 교만하지 않는 몸가짐
나를 세워 가르친다
비바람은 하염없이
몰아치는데
긴 다리 흔들리지도 않는구나

민들레

흩날린 무수한 홀씨들이
정처 없이 고향을 떠났는데
맴돌다 이 땅에 떨어져
씨앗으로 움 터
착한 새싹이 되었네

어느 좋은 봄날
가느다란 잎사귀 사이에서
노란 얼굴 내밀고
세상을 바라보는 자태가
아름답고도 위태로와라

사랑하는 임에게 밟힐까
초조해하던 날이 어제 같은데
세월이 쉼 없이 흘러
꽃이 피지 않는 먼 곳으로
바람 따라간다고
다시 온다 약속도 없이
구름을 따라가네
정처 없이 가네

버찌 열매

늦은 봄
여러 날 지나가며 바라본 얼굴
낯설지가 않은 모습
벚꽃 나뭇가지에 매달려
익어가던 빨간 버찌
지나온 내력 들여다본다
은은한 핑크색으로 곱게 화장을 하고
내 마음속에 있었던 너는
어느 따스한 날
무리지은 하얀 나비 같이 내려와
종이배 띄운 호수 위를 하얗게 덮었지

비 개인 화창한 오후
흑진주 검은 얼굴
싱그럽게 웃고 있네
기다리다 드러난 세속의 열매
새콤 달콤 버찌 맛 알알이 가득 채우고
검붉은 버찌 열매
수줍게 떨어져 우물가를 물들이네

마냥 즐거운 새들은
가지에 앉아 둥지를 품었지

봉숭아 꽃물 들이는 밤

해는 방향을 돌려 그림자를 나르고
바짓가랑이 끄는 살갑기만 한 바람맞으며
바닥에 떨어져 맥이 없는
붉은 꽃을 바라봅니다

가을이 익어가는 소리를
봉숭아는 듣고
영원한 연인인
나의 귓전에 전해줍니다

그와 내가 하나가 되어
밤이 새도록 깊이 사랑하였습니다
다음 날 손끝은 선홍빛으로 물들이고
느낌만으로도 탐스러운
가을을 생각합니다
걸을 때마다
초승달이 되어 밝게 비추니
가을도 가고
겨울이 다가 서려나 봅니다
초승달은 그믐달이 되어
서서히 내 사랑도
서막을 알립니다

사과의 질투

햇빛이 잘 스며들어
단물이 드는 얄팍한 사과는
하얀 종이에 씌워진 탐스러운 사과를
항상 부러워하고 있었지요

전신을 내놓고 빨갛게
익어가는 사과는 주인의 살갑기 만한 배려로
하얀 종이에 씌워진 사과를 보며
항상 부러워하고 있었어요

그러나 따사롭기만 한 햇살 아래
자기를 노출하고
빨갛게 익히고 싶었던 사과는
하얀 종이를 벗고
따사로운 햇볕에 몸을 내놓고
익어가고 있는 사과를
너무 부러워하면서 살았어요

어느 날 주인의 배려로
하얀 종이에 그만 씌워져 버린 사과는
따사롭던 햇살을 그리워하며
긴긴 나날을 보내야만 했답니다

서운암 들꽃 콘서트

속세를 떠나 여러 밤 지새웠네
청정한 도량 뒷동산 양지쪽에
장엄하게 막 올린 들꽃들의 콘서트

볼그레한 금낭화 주머니마다
인고의 세월이 담겨있구나
나를 더 낮추는 이치 깨달으니
침묵 속에 묻어 두었던
향기 가득 품어 낸다

백발이 아름다운 할미꽃
젊음의 뒤안길에서 숨을 죽이고 섰네

숲 속에서 들리는
스님이 연주하는 대금소리
유채꽃 은은한 향기로 답을 한다

겨울이 내려서는 그날까지
들꽃들의 콘서트는
막을 내리지 않는다네

소인국 패랭이 나라

바람 따라 걷다가 들길 지나 돌아보니
나비가 만든 난쟁이 집
나를 기다린 듯 반기네

하얀 지붕 받치고 있는 야윈 연두 기둥
가련하고 약하지만 양지에서 방문 닫고
어여쁜 얼굴 단장하네

이가 빠진 사발 같이
쭈글쭈글 패랭이꽃
눈물 뚝뚝 흘리며
내가 나이 먹어 가는데
네가 더 슬펐구나
땅에 가리워진 뿌리
그 눈물 고스란히 받아
이 꽃 저 꽃 생명수 나르네

바람 불어 갈 곳 없이 날리는 날
나지막한 소리로 내게로 다시 오세요
속삭이네
들에 핀 패랭이꽃
소인국 나라

잡초 이야기

황폐한 땅에 무성하게 자란 잡초
끊임없이 뽑아내어도
그들은 영역을 넓혀 나간다
전답을 자기 영토인양
간격을 좁혀간다

잡초가 자라는 곳에서는
곡식이 자라지 못한다
곡식이 자라는 곳에는
잡초들도 잘 자란다
농부는 씨앗을
뿌리지도 않았는데
그들은 생을 영위하기 위해
봄을 기다린다

비옥한 대지를 지배해 가는 잡초
제초제 맛을 보고서야
잠시 잊혀진다

바람이 되살려 주려는 듯
갈 곳 모르는 홀씨들이
사뿐히 내려앉는다
끈질긴 잡초 욕망을 가둔 채
땅에 발을 내린다
잔잔한 바람결에 떨고 있는 잡초
질긴 삶 놓으려 하지 않는구나

진달래 화전

실타래 같이 풀리지 않는
꽃샘추위 속에서
잊고 있었던 게 무엇인가
찾기 위해 길을 나선다

올해도 그곳에서 나를 기다리고
있을 것만 같아서
두리번, 두리번

때를 놓치지 않고 찾아온 진달래
곱게 피어
나를 보고 손짓한다

시들은 꽃
거름되기 전에
잊지 않고 찾아와 다행이라 속삭인다

찹쌀로 빚은 떡 위에
곱게 누운 진달래꽃
희망 꿈 이루었네
꽃잎이 사뿐히 내려앉아
그 향기 그윽한 화전이 되었네

조청 시럽에 몸을 누이고 있는 화전
거친 땅에서 오르는 아지랑이처럼
가물가물 사라지네
내 마음에 진한 여운만 남기고……
어디론가 사라졌네

조화(造花)

잊히지 않는 화려한 꽃
계절은 가고 없는데……
꽃망울 아름답게 맺었구나
살아 숨 쉬는 꽃 같아
조심스레 다가섰지만
향기와 생명이 없어
점점 멀어지네

꽃이 아닌 것이 꽃인 척하고
이끼가 아닌 것이 이끼인 척하며
잎이 아닌 것이 잎인 척하더니
백 년 천 년 살고 있었구나

창밖에 계절이 바뀌어
꽃잎 떨어져 날려도
네 가지에 굳어진 꽃
시들지 아니하고
눈이 내리고 날려도
개화하여
영원한 생명으로
살아 내린 향기 없는 꽃

먼 산에 달이 뜨고 비가 내려도
언제나 메마른 꽃잎
수줍음을 모르는구나

꽃이 졌다 피는 전설 잊은 채
철사 줄에 매달린 생명 아닌 생명
그러나 웃음 가득
두려움 없이 초연하기만 한 조화

청포도가 익어갈 무렵

바다가 하늘인지 하늘이 바다인지
푸르디푸른 바다에 몸을 담그고 싶은지
파아란 하늘에 몸을 날려 보내고 싶은지
정녕 하늘 아래 바다 위에 삶은
살아봄직한 그 무엇인가를
얻어 보고자 함이 있었을까

나뭇가지 사이로
아름다움보다 더한 그 어느 보석보다 더한
햇살이 소리 없이 내려와 양분을 공급해 준다
뿌리로서가 아닌, 가지로서가 아닌
열매로서 나의 시선을 그곳에 머물게 한다

아직 이르다는 말로서는 모자람이 있었을까
푸른 하늘을 닮아 푸름을 아직도 잃지 않았을까
아직 꿀맛 같은 단맛이 아니라는 경계의 빛깔일까
방울방울 여물어 가는 청포도는 나를 유혹을 하며
나의 시선을 머물도록 하고 익어가고 있다

사랑하는 사람에게 한 알
입에 넣어주고 싶은 마음은
애틋함으로만 남는구나

토끼풀꽃 추억 한 묶음

길 따라 향기로운 꽃내음
나를 불러 유혹한다

추억이 묻어 있는 작고 소박한 토끼풀꽃
너의 수수한 외모 편안함을 주고

무수히 모여 앉아
한 아름 꽃다발 만들고서
꽃반지 만들어 내 손에 건네주던 그는
해도 저문 언덕에 꽃목걸이 만든다고
긴 그림자 바빠도 움직였지

어두운 책갈피 사이에 낡은 편지 한 통
그리고 네 잎 클로버 눈이 부셔도 나를 보고 있었지
여기까지 오는 동안 토끼풀꽃 얼마나 피고 졌기에
강 나루터까지 내려와 피어 있구나

파란 하늘 아래 포근하게
마냥 뛰어 놀던 어린 날
이름도 없던 너는 언제부터 토끼풀꽃 되어
소담스레 피어 있었는지
사랑스럽기 그지없어라

파 일생

땅속에 무슨 일이 있기에
소곤소곤 귀엣소리 들린다
죽어도 밭에서 살겠다던 파
꿋꿋한 생명력
실낱같은 연약한 몸으로
약방 감초처럼
갖은 양념에 소용된다

뜯어내어도 여린 순 빼곡하게
숨 내쉬며 뻗어간다
잘려진 뿌리 끊임없이
파란 순 내밀고
파순 갈래에는
떠꺼머리 같은 수수한 꽃 피워내고
분주히 매운 정념 담아내어
물려줄 준비를 한다

파 총각 송송 썰어
국 처녀 끓이고
쏟아내는 흘린 눈물 고이면
온몸에 흐르는 파 향기
듬뿍 담아낸다

호박

채마밭에 너른 잎들 무성하다
소박한 햇빛과 바람
어린 호박꽃 피우느라
여념이 없고
울 밖에 나가서도
가늘어지는 양분 주어 담는다

오므리고 있는 노란 치마에
별이 떨어지면
그윽한 호박 향기
배어 나오고
긴 여운 잔잔히 스며든다

통통하게 살 오른
미끈한 호박 하나
달아 놓고
호박꽃 조용히 줄기를
떠나갔네

무척이나 서운 했나
호박 넝쿨 울을 지나
흙담을 넘어간다

자리끼

머리맡에 놓인 창 녘으로
낯익은 어둠 거뭇하게 누워있고
한 겹의 얇은 빛줄기 끝에
매달린 둥근달
가슴에 파고드니
달빛 부서지고
원앙금침 뒤에 자리끼
내 입술에 부딪치고
차가운 밤바다 머그잔에 가득하니
한 모금 마시니 초승달이 되고
두 모금 삼키니 그믐달이 되는구나

내 창을 누비고 다니던
휘영청 밝은 달이
낯선 새벽 타는 가슴 닿는 곳에
놓아둔 자리끼에 담긴
그 달

안을 들어 밖을 보니
저 달도 가던 길목에서
흐느적거리다 쉬고 있네

* 자리끼: 주무시다가 드시라고 머리맡에 두는 물

숲 속에서

혼잡한 도시를 벗어나
울창한 여름 숲속을 지나며
변화를 두려워하지 않는 자연
대자연 앞에서
나약해 질 수밖에 없는 나는
성장을 위한 고통과 어려움들을
달게 받아들이고 있다는 것을
그들의 이야기가 있는
숲속에서 알게 되었다
그들이 내뿜는 향기에
나의 심신은 맑아지기 시작하지만
세찬 비바람이 지나간 처절한 기억들
딱따구리가 쪼아낸 흔적
그리고 나무들의 절규들
땅 주인의 그림자는 운 좋게 피하게 되었지만
뒤에서 톱질하는 소리에
눈물 날리던 날들……
숲 속에서 알게 되었다

고향의 오디 열매

내 고향 뒷동산
소 풀 베러 가는 길
오뉴월 오솔길에
오디가 배시시 미소 지으며
얼굴을 붉히고
나와 눈이 마주치기라도 하면
눈웃음을 지으며
나를 빤히 바라보고 있었지

몰래 따먹을 수작을 알아챘는지
잎으로 저 열매를 가리지만
주변을 얼쩡거리던 그림자
서서히 다가서는데
주렁주렁 매달린 오디
꽃인 줄 알고 나비가 희롱을 하네

따자마자 내 동생은
깜짝깜짝 얄궂다
눈도 시어서 뜨지를 못하니
호호, 신 김치 묵었나?

달착지근한 오디 한 주먹
징검다리 건너다
내 여울에 빠져
떠내려가고
훌쩍거리는 동생 눈물도
강물에 방울방울 맺혀
떠내려갔네
아름다운 내 어린 날
추억이여……

꽃꽂이

고상한 수반 위에
고결한 손길 타고
화사한 맵시를 뽐내고 있다

들에 피어있던 볼품없는 꽃들도
요염하기 이를 데 없는 그들도
목이 잘려 시한부 생명으로
수반 안 침에 찔려 잠겨있다

혼돈을 정리하듯
사랑하는 마음으로
넋을 잃고 바라본다

그곳에 있는 건
여러 소재로 꾸며진
아름다운 꽃꽂이 작품과
많은 사람들과의
교감만 있을 뿐……

꽃샘 설국

어두움 밝히는 은빛 전경
산에 들에 피어있는 하얀 꽃봉오리
자연은 또 다른 인내 하나를 가르친다
홀로 보내야 했던 지난 시간은
애써 만들지도 않았는데
밤사이 내린 눈
나무와 가지가 되어 서있네
난쟁이 제비꽃도 흰 모자 눌러쓰고
영롱하게 별이 된 뜰 바라보고 있다

소모해 버린 즐거움
가지부터 원색으로 젖어간다

막 움트려는 봄은
예상하지 못한 폭설로
또 다른 상처 안아 다스려야만 한다
보석이 된 설국
죄다 처마 끝에 매달려 차가운
매듭 풀어내려 놓고 이제 잊혀야 한다는 것을
깨닫고 하염없이 눈물짓는다

* 제비꽃: 우리 주변에서 흔히 볼 수 있는 꽃. 오랑캐들이 식량이 떨어져 쳐들어 올 때쯤에 피던 꽃이라 오랑캐꽃이라고도 한다.

꽃샘추위

지상 위에 모든 새싹들도
움츠리고
그들은 그들의 이야기로
역사를 만들고
우리들은 그들의 관객으로
잠시 머물러 있을 시간 시간들

꽃잎이 떨어진다

꽃잎이 떨어진다
거리거리 마다 꽃비가 내려
이 마음 둘 곳 없어
눈물이 흐르면 흐르는 대로
그대로 공간속에 나를 맡기고
하늘을 올려다본다

새색시 핑크빛 볼 같은
어여쁜 꽃잎 자유롭게 날아
호수에 하강하는 모습
꽃잎배 띄워서 님 계신 곳까지
다다를 수 있겠지

2부

아기천사의 방

무지개

목마름의 단비가 내리는 마을
하늘과 땅
산과 바다와 강을
이어주는
찬란한 희망의 다리 놓였네

어릴 때
동산에 올라
너의 끝을 잡아 보려고
고개를 넘고 넘었지만
뛰어도, 뛰어도 멀어지던 너는
잡으려고 해도 잡히지 않던 무지개이었네

꿈처럼 머나먼 창공에 떠올라
머리 위에 발길 멈춘
색동옷 고운 미소
잡으면 더 높이 떠서
날 오라 손짓하는 것 같았는데
내 마음에 추억 하나 밝혀 놓고
희미하게 사라졌네
꿈처럼
바람처럼……

하늘에는

하늘에는
얼마나 많은
신들이
나누어
소유하고
있기에
소나기가 내리는 곳
해가 비치는 곳
구름이 잔뜩 끼어 있는 곳
눈이 내리는 곳
바람이 부는 곳
……

그들의
생각이
충돌하는 것을
보고 듣는다

작은 행복

여름 지나간 자리
대나무 장대 끝에 잠자리 여유롭고
우울한 빨래 눈물 뚝뚝 흘리며
옥상으로 올라간다
볕 좋은 날 행거들이 비어있고
투명한 빨래에 비치는 햇살이 반짝인다
넉넉하고 여유롭게
아늑하고 편안한 곳에서
일광욕 즐기고 있네
하얀 와이셔츠, 양말, 바지,
바람에 날리고,
치마, 스타킹도……
그리고 차 한 잔의 행복

문이 열리고
한 무더기 마른빨래
신이나 들어오고
남기고 간 집게 흔적만이
다시 돌아온다

국화 한 다발
유리병에 꽂아 청에 놓는다
여유의 봉오리 피어오르고
뜨겁던 해 식어지면
볼 수 없는 먼 곳까지
응시하고
임의 발자국 소리에
귀 기울인다

음악마을

어느 마을
음악을 사랑하는 마을에
노래만이 전부였던
거인이 살았다네

거인은
작고 소박한 꿈을 안고
마을에 정착
빈부격차 없는 사람들
함께 어울려 어울림 노래
예쁜 소리…… 소리들
정겨웠던 한마당
비가 내려도
바람이 불어도
눈이 내려도
마을은 항상
웃음소리…… 소리들
노랫소리…… 소리들뿐
……
그 후
그 마을을 지나가던

구름과 바람과 별도
쉬어가게 되었다네

그런데
어느 날
작은 음악마을에
폭풍우가 몰아치던 날 밤 홀연히
음악밖에 모르던 거인은
행복한 웃음만 남겨놓고
먼 길을 떠나갔다네
긴 그림자만 오솔길을 돌아
먼 길을 떠나갔다네
다시 온다는 기약조차 없이
거인은
떠나갔다네
……
떠나갔다네

* 합창단을 지휘하시던 교수님께서 어느 날 홀연히 떠나가셔서 아쉬운 마음으로 만든 시입니다.

아름다운 그림

추억들이
아름다운 물감으로 채색되어
풍선처럼 커지고 살아난다

목련이 피어나고
동백꽃이 만개하여
하얀 절개 땅에 떨어지고
붉은 혼 비바람에 날릴 때
잊혔던 그가
그리움이란 이름으로 다가선다
떠오르는 환한 미소
아~
갈증이 나도록
그리워하였네
사랑하는 고향산천

희미한 그 모습 보일 때까지
백지 가득 연필로
스케치하고
고향이란 제목 아래에
그림을 그린다
그가 일어나 꿈틀거릴 때까지

어린 날의 추억

그날
우리 집 흙담 사이로
사립문이 시야를 가로막고 있었네
닫힌 틈으로 발 벌거벗은 아낙네들의
종종걸음이 가끔 보일 듯, 말 듯,
그것 제쳐두더라도
사립문 사이로
안을 빼꼼히 들여다보던
조무래기들 하며
육중한 장작 지게에 져 나르던
판서아재며
사립문 넘어 엿보던
옆집 할아버지 헛기침소리에
농부 새참 머리에 이고
나르던 어머니의 그림자도
담장을 지나 사립문을 넘나들었지
아랑곳하지 않는 할아버지는
긴 곰방대만 물고 구름 속에 있었지만
장에 갔다 오지 않는 어머니를 기다리다 지쳐
툇마루에 앉아
애꿎은 사립문만 뚫어져라
바라보며 있었다네

아기천사의 방

엄마 등에 업혀서 칭얼거리다
잠든 아기천사
고귀한 사랑으로 태어나
축복 속에 잠들었네
벽에 기대어 졸고 있던
아기 곰돌이도
자장가에 잠들었구나
하늘가에 날던 노랑나비 친구
흰나비 친구들
날갯짓 멈추고 아기천사
수호하네

동화나라 백설공주님 사는 궁전도
달빛 속에 잠들었네
장난감 병정들도 사뿐사뿐
소리 없이 경호한다
동화 속 궁전 밖에서
문 열어 달라 두들겨도
아기천사 깨어날까
침묵으로 일관하네

아침

아침이면
언제나
밖을 향해
열려있는 창 너머로
봄이 오는 소리가
들리는 듯
고운 바람결에
다정한 미소로 답해요

나의 방

나의 방을 소개합니다
하얀 종이 위에 있는 나의 방은
나만의 공간입니다

누구의 방해도 받지 않는
신비스러운 방이지요
이 공간은 나의 허락 없이는
사랑하는 사람조차도
들어설 수 없습니다

먼 길을 훌쩍 떠났다가 돌아오면
조용히 나의 방문을 열고 들어옵니다
원하기만 하면 누구든지 만날 수 있는
공간이 되어있지요
죽은 시인하고도 밤을 지새우고 이야기할 수 있고
살아있는 신들의 목소리도 들을 수 있습니다

아늑하게 들리는 음악도 있고
그림을 그릴 수 있는 붓도 있지요
요술방망이 같은 나의 붓은 다양한 소리를 듣고
느낌을 그립니다

더욱 신비스러운 것은 나의 방에 들어오는
님들에게 보이지 않는 것이 하나 있지요
그것은 요술방망이 같은 나의 붓이랍니다

미운 그녀

그녀의 고향은 물웅덩이
두 개의 더듬이로 먹이를 찾는다
그녀가 머물다 간 자리
산마루에 걸린 붉은 노을빛으로
태산처럼 높아만 가네
안절부절못하고 문질러 보는데
물린 자리 가렵기는 마찬가지
강렬하게 경계의 눈초리 보내보지만
다시 바늘 같은 긴 혓바닥 세우고
경솔하게 다가온다

그녀와의 전쟁이다
이젠 소용없지
너는 스스로 망가져야 해
두 손으로 휘둘러보지만 날렵하게 피한 그녀
지그시 눈을 감고 내 손등에 걸터앉아 웃고 있네

시누이보다 미운 그녀
모기향 피워놓고 쫓아볼까
기겁하고 도망가겠지

* 초여름부터 극성인 모기들에게 시달리면서 재미있게 표현해봤습니다.

빌고 있는 생

문명에 눈이 어두운
불명예스러운 이름 두 자
그 뒤에 쌓은 업적
절절한 심정으로
돌아서 가길 원했지만
다양한 용도의 손과 발로
사뿐히 착지하고
저도 미안했나
두 손으로 싹싹 빌고 있네

조각나버린 식탁
움켜쥐고 생존 위해 속삭인다
그럴 때마다
시위를 떠난 성난 화살들은
안식 위해 기도하고
냉정하게 돌아섰다
가련한 영혼들의 가슴에
방울방울 흘러 뚝뚝 떨어지면
거친 숨소리로 파르르 떨며
온몸으로 시위하다가
덧없이 사라지네

어머니

한 지붕 밑에 개구스럽던 어린것들
울고불고 야단스럽게 크던 자식들
하나같이 사랑으로 지켜주시던 당신

무서운 아버지 호령으로
방안 귀퉁이에 다섯 남매 던져져도
인자하게 다독이며 사랑으로 지켜주시던 당신

지천으로 널려있는 봄을 소쿠리에 가득 담아
봄 떡 해서 우리 남매 먹여 주며
돌아앉아 배부르다 하시며
지켜보시던 당신
우리를 위하여 온갖 궂은일을
마다하지 않고 하던 그해 겨울
오랜 설움 지난날
내색 않으시고 참아 오신 당신
우리를 지켜주시던 당신의 사랑
영원하리라 믿습니다
오늘 당신을 생각하는 것만으로도
충분히 눈물 짓게 합니다
사랑합니다

당신을 닮아 표현도 잘 못하고 사는
여자의 길이지만
엄마가 된 지금 당신이 걸어가던 길을
걷고 있습니다

아버지

팔순에 들어선 아버지
명주실 타래 풀어
씨줄 날줄 엮은 세월
역경의 세월을 짊어지고
얼굴에 새겨진 나이테
회환의 미소만 남으셨네

알고도 못다 한 도리
불효한 지난날
씻지 못할 한이 되어
후회스럽기 그지없어
삶의 무게 무겁기만 하구나

굳게 묻어두신 세월의 뒤안길에
서계신 아버지
무수한 시련 속에 야위시고
병든 당신의 육신
문득 돌아와 뵈니
울컥 마음만 저며 오는구나
출가외인 불효 여식 흘린 눈물
강물이 되어
사랑의 노래 띄워 보내려 합니다

바느질 하시는 할머니

돋보기를 콧등에 내리고
바느질 하시는 할머니
바늘 코에 걸려있는 긴 실
빼 올리며
고운 자태로
앉아 계시네
그 매무새가 바르고 단아하신 할머니

임의 옷을 손수 지어 입히시던
당신께서는 소싯적에
목화에서 무명실을 뽑아
베틀 앞에서 긴 밤을 지새우셨지!

쌓인 연륜만큼
노쇠하여 기력과 시력
잃었지만
얼굴에 추함이 없고,
온유함과 기품 있는 모습으로
노후를 살다가 훌쩍 떠나신
나의 친할머니
그곳에서 잘 계신지요

반딧불이의 밤 여행

아침이 오면
후~ 하고 날아갈 듯한
검은 커튼을 치고
밤이 깊어 갑니다

파란 하늘에 낮게 날던
잠자리 떼
쉬었다 가라고
어둠이 찾아듭니다

캄캄한 밤의 무대에는
작은 조명 불빛들이
하나 둘 켜집니다
어둠을 밝히고 싶어
찾아옵니다

풀섶에 귀뚜라미 노래하고
반딧불이 초롱불을 들고
밤의 전주곡에 맞추어
춤을 추고 있습니다

깊은 산골 부엉이는
눈이 휘 둥그레 집니다

밤낮없이 짖어 대는 복실이
장단을 맞춥니다

세상 밝히는 빛
생명 다 할 때까지
별자리 맑고 고운 밤하늘
반딧불이들이
밤 여행을 합니다
길 찾는 동무 생각으로
새벽을 기다립니다

봄소식 전하는 제비꽃

노란 병아리처럼 수줍은 제비꽃
산책길에 군락 이루고 봄소식 전합니다
겁을 먹고 도망가는
벌거벗은 겨울나무 위로
가지 끝에 걸터앉아
떼 지어 들어오는 봄의 전령사들
나는 그저 향기에 듬뿍 취해 있을 뿐

햇빛이 잘 들어 푹 쉴 수 있는 넉넉함이 있고
가끔 지나가는 그리웠던 당신이 바라보는
기쁨도 넘쳐납니다
그대가 내 안에 가만히 자리하면
외로움은 먼 산을 넘습니다

여리디 여린 모가지 한 다발 뜯어
그대 지게 등에 업혀 멀리 간다 해도
행복에 겨워할 것입니다

그대 창가에 앉아 귀 기울이고
우리를 넘쳐납니다 떠나 가버린
한 번도 만나지 못한 지난겨울님의 이야기를
밤이 새도록 엿듣고 싶습니다

꽃게

햇빛 받은 은모래
바다 위에 반짝이고
모래 밑에 자란 외골
딱딱한 갑옷 젊어지고
장국 같은 바닷물 마신다

매일 살아간다는 것
쫓기기만 하는 삶
철저하게 옆으로 빗나가기만 하는데……

살과 피가 되기 위해
고배를 청해 오면
겸허한 마음으로
고통 움켜잡는다
모진 목숨 하얀 살갗에 새겨놓았네

모래바람 날리는 날
붉은 등껍질
무모한 도전자 앞서
푸른 바다에 몸 숨기고 있을 테지
오늘도
내일도……

분수대 앞

관람객 하나 없어도
너의 이야기를 들은
척도 아니하여도
포물선을 그리고 솟았다가
추락하는 물의 대이동
그의 힘은 끝날 기미가 안 보인다
그는
깊은 마음까지 감추려고 했으나
격동의 몸부림으로 쏜살같이 드러낸다

가끔 눈부시도록
선명한 무지개 하나 불러놓고
긴 꼬리 물속에 담는 순간
잊었다고 했는데 그 모습 다시 나타낸다
그를 더 보기 위해 다가섰지만
나를 하얗게 적셔놓고
시치미를 뚝 떼더니
내려와 밑바닥에 숨는다

느낌표를 꾹 찍고 싶다

느낌표를 꾹 찍고 싶다
풀벌레 소리들과
동네 한 바퀴를 기꺼이
돌고 온 바람소리 때문에

느낌표를 꾹 찍고 싶다
작은 호수 가를 거니는 연인들과
호수에 유유히 떠 있는
아담하기 그지없는 작은 배
그리고 오리가족들 이야기 때문에

느낌표를 꾹 찍고 싶다
가을 하늘을 수놓는
뭉게구름 사이로 날아가는
어린 새들과 사랑스러운 미풍 때문에

느낌표를 꾹 찍고 싶다
이 길이 마지막 길이 된다고 하여도
아름다운 동행이었으니까
후회는 없다고
……

사진을 보며

사진 속에
웃는 얼굴이 들어 있다
일그러진 얼굴도 사진 속에 있다
정직한 거울과 같이
얼굴에 나타나는
마음속 파장
비록 미소 짓고 있지만
우울한 그때그때 순간이
그대로 음영으로
사진 속에 찍히는 건
얼굴이 아니라
마음인 것을

사진들을 보고 있다
천진한 아이들이 물장구치는 모습
티 없이 맑은 웃음
그늘이 없다

나는 알았다
잃어버린 웃음 뒤에 찾아오는 희열
값진 선물이라는 것을
우리가 지어놓은 성 안에서
평안에 겨워하는 아이들 얼굴
행복한 미소가 내 안에 흐른다

그리운 아버지

차례를 지내고 고향으로 갔습니다
뒤를 돌아보지도 않았습니다
어렸을 때 나를 반겨주던 마을 아저씨들
아주머니들은
마음속에서만 그곳에 서계십니다
마을 모퉁이를 돌아 산길로
접어들었을 때
무덤가에 이름 모를
앙증맞은
키 작은 들꽃들이
순풍에
고개를
떨어뜨리고
조심스럽게 흔들리고 있습니다
고귀한 생명입니다
……
그분은 가을을 무척 사랑하셨습니다
가을이 오면
언제나 한결같이
잘 키우신 노란국화들로
마당 한가득 수를 놓았습니다

가을 햇살을 받은
주름진 얼굴로
너무나 맑게 웃으시고
서정시를 좋아하셨던
아버지! 아버지!
내 아버지는 그곳의
가을 속에 잠들어 계십니다
가을이 익어가는 깊은 산골짜기에
가을을 닮고 싶어서
가을을 담고 싶어서
여기
잠들어 계십니다

뜨겁게 흐르는 눈물로
당신의 목마름을 조금이나마
축여드렸으면 좋겠습니다
아버지 사랑합니다
아버지 너무나 보고 싶습니다
……

인생은

인생은 한 번 쓰고 버리는 일회용 컵
재활용도 할 수 없는 일회용 컵
컵 속에 무엇이 담겼는지에 따라서
양주 컵도 되고 물 컵도 되고
병원 검사실에서 쓰는
컵도 된다

컵에 담겼던 어떤 것도
다 비워지고 나면
덩그러니 남아있는
일회용 컵은
인생이란 내용물을 다 비운
일회용 컵으로서
작별을 해야 한다

장맛비와 해의 속삭임

하늘도 검은 수의를 걸쳐 입고
아스라이 내려앉아
그날처럼 억수 같은 장대비
뜨거운 아스팔트 시원하게 적셔주고
고집스럽게 땅을 후벼 파며
방에 있는 나를 가둬버린다

지루한 빗속에
청포도 살살 맞게 익어가고
젖은 꽃잎
가련하게 떨어뜨리니
뒷동산 뻐꾸기 울음 그쳤네

탑에 앉아 먼 여정 쉬고 있는
비둘기 부부 두 날개 애처로워
줄기차게 퍼붓는 빗줄기
언제 그칠까 초조하였는데
그 마음 다 풀어 놓았는지
뽀얀 안개비가 내리는 대지위에는
예전에 매일 만나
이야기 나누던 해가
저편에서 살포시 잠을 깬다

종소리

시간을 알리는 종소리
매번 같은 시간에 울린다

쉬는 시간을 알리는 소리
종소리와 함께 많은 아이들이
건물 밖으로 나온다

종소리가 울려 퍼진다
하나님 앞에 기도 하고 참회하라
온 마을에 울린다

새벽 자시를 알리며
종소리가 들린다
그 소리는 나의 영혼을 깨운다

삶을 반성하고
남아있는 시간을 위하여
은은하게 들려오는 종소리를 따라가야 한다
그 소리 멀어지고
새벽길은 어둠이 점령하여 숨어있다
어슴푸레 빛을 내던 가로등도
꺼져가는 삶이 아쉬운지 깜박거린다

종소리가 들린다
추억 속으로
아득하게 울려 퍼진다

종소리가 들린다
이웃의 아픔을 같이 나누자
구세군 빨간색 냄비가 끓고 있다

종소리가 들린다
제야의 종소리 발걸음을 멈추고
또 한 해를 보내고 맞이해야 한다

친구들 모임

함박눈이 내리는 길을 하염없이 달린다
라이트에 비친 눈이 차창에 소리 없이 내려와 쌓여간다
영혼은 눈 속으로 몰입되어 투명한 결정체가 된다
행복한 미소가 차 안 가득하다

부산호텔에 도착한 나의 마차는
가쁜 숨을 몰아쉰다
하얀 연기를 토하며 가쁜 숨을 고른다
호수에 영롱히 비치던 달과 별들은
눈 속에 가려져 잠들었다

늦은 밤
달과 별이 가까운 하늘 아래
첫 집은 나를 기다리지만
나는 이곳 친구들 모임에서 시간을 잊어버린다
광란의 질주를 예감하는 듯
유리잔들이 소리 내며 부딪힌다

얌전히 자리 보존하던 나의 유리잔에도
파도가 와서 부딪히고 간다
하얗게 거품을 내며 부딪치고 간다
나의 몸은 이미 바다가 되고
나의 영혼은 갈매기가 되어 난다
정지되지 못한 시간 속에서
……

친구

많은 사람들 중에
친구로 만난 우리
기쁠 때 슬플 때
서로 또 다른 안식이 된다

골목 어귀에서
소꿉놀이 구슬치기하며
정들었던 친구
또 다른 버팀목이 되어
그림자처럼 서있다

속마음 비워질 때까지
퍼내고 주어도
허물이 되지 않는 친구가
내 곁에 있어 행복하다

그의 눈동자 안에 있는
나의 모습이
너의 모습이 되어 있는 우리
한 세대를 함께 걸어온
죽마고우(竹馬故友)라네

이제 나이를 먹어 주름진 얼굴
반백이 되어 가는 머리 위로
함께 했던 긴 시간들이 스쳐 지나가지만
우정이라는 질긴 끈으로 맺어진 우리는
인생의 고통이 찾아와도
두 손 잡고 황혼 속으로 걸어갈 거라네

3부

가을로 가는 여행

가을로 가는 여행

대 자연이
차창 밖으로 지나간다
뿌연 아침
안개에 가려진 산야
희미해 잘 보이지 않지만
가을 들녘은 길게 늘어진
햇살을 받고 있다

황금가루를 뿌려 놓은 듯
연둣빛은 어느새 황금빛이 되어
미풍에 출렁거린다

초대받은 백지 위에
긴 햇살은 붓이 되고
자연은 천연색 물감이 되어
그림을 그리고 간다
아름답게 채색한다
가을을 닮은 하늘은
높고 푸르기만 하다

감자밭

고랑까지 빼곡히 자란 감자 줄기
거친 풍운 속에서도 헤집고 나온 꽃
자주꽃, 하얀 꽃,
무리 지어 모여 있네
꽃향기 맡고
햇감자 토실토실 익어 간다

감자밭 매던 펑퍼짐한 어머니
호미자루 신명 나고
감자꽃 필 때마다 쪼그리고 앉아
꽃과 친구 되던 동심……

여름 한낮 뜨거운 밭
바라보던 어머니
주렁주렁 달려 나온
풍요로운 이야기
당원 넣고 삶아내어
허기진 배 채워주던 감자

휭 하고 지나가는 바람도
감자꽃이 만발해 돌아본다
그리운 감자밭……

가을이 익어갈 무렵

구름을 실어 나르는
하늘 아래 첫 동네
멍석에 누워 몸 말리고 있는 붉은 고추
가을 동무되어 소곤거린다

국화의 그윽한 내음새 문지방을 밟고 오면
코스모스 꽃 잎 떨어져 나비처럼 춤추다가
우물 위에 앉아 노 저어 다닌다

지붕에 걸려있는 달
가을밤을 노래하면
별을 운반하던 바람은
놀라워 별 하나 떨어뜨리고 만다

고고하게 스쳐가는 달빛 아래
풀벌레 합창소리
창문 틈새로 흘러들면
맞은편 초가지붕에는
밤잠도 아까운 호박이
꽃봉오리를 만든다 여념이 없구나
가을은 여러 날 그렇게
곡식과 함께 익어간다네

보리가 익어가던 들판에는

북풍 설한 이겨낸
숭고한 생명들
울타리 너머 아지랑이 봄을 간지럽히면
어린 보리 싹
종달새 노래 들으며 자라네

넉넉한 옷소매 걷어 올린 농부들
들녘의 누런 보리밭
알알이 영글어 지천으로 부풀고
보릿고개 서러운 장막을 울렸네
머리에 수건 동여맨 농부
뙤약볕 아래 보리 베고
논두렁 밟는 아낙네들
새참 머리에 이고 분주하였지!
고슬고슬 분이 난 감자
막걸리 한 사발
하얀 이 검게 탄 얼굴에
까슬한 보리 수염 달고
하하 호호 즐거웠지!
이마에 알알이 구슬 맺혀 떨어져도
바람에 넘실거리는
보리와 농부 이야기
구수하였네

가을비

겨울로 가다 넘어져서
무릎 깨진 가을 하늘이
하루 종일 울고 있다
세찬 빗소리까지 불러와
창을 두들기고
소리 없이 땅 속으로 스며든다

게으른 나를 밖에서 부른다
깊게 패인 흙 마당에 촉촉이 스며들어
나의 마음 적셔준다

우산 위에 소리 없이 내리더니
방울방울 구슬피 맺혀 떨어진다

우산 속에서 바라본
낯익은 가로수 사이로
하염없이 걸어보았다
가을 하늘 그의 소리를 듣는다
황량한 바람과 함께 떠나야 할 그는
온종일 목이 메어 울고 싶은가 보다

나그네 닮은 비
누구의 창 가까이 다가가
그의 마음 흠뻑 적셔 주고 싶은가 보다
조용한 가을비가 하루 종일 내린다

떠나기 싫은 가을비 올림

긴 여행길에서

인생이라는 긴 여행길에서
모래알 같은 많은 사람 중에
부부라는 인연으로 만나
하얀 면사포에 얼굴 붉히며
한 이불속에
함께 있던 수많은 시간들

순풍에 돛을 달고
고요한 바다를 건너와서
태풍의 거대한 파도가 밀려와
삼켜버릴 듯했던 그날들
비바람 속에서도
넉넉한 마음으로 감사히 받고
웃으며 살아온 지난날

신께서 선물로 주신
지천명이라는 인생의 열매와
이순이라는 명찰을
가슴에 달았지요

그동안 머물렀던 당신 곁에서
행복하였습니다
입술을 넘지 못하던 소리였지만
차마 못하던 고백을 하려 합니다
저무는 붉은 노을 앞이지요
사랑합니다
영원히……

달천의 개구리 소리

어둠이 점령해 버린
충주호와 이별하고
달천을 지나고 있을 때
전설 같은 탄금대
우륵의 가야금 소리인가……
배수진을 친 병사들의
함성 소리인가……
논에서 개구리가 구슬피 울어 댄다

한 많은 역사는 수레바퀴처럼 도는데
길 잃고 헤매던 민족의
대변자라도 되듯이
고랑을 따라 진을 친
무수한 생명들이
밤이 새도록
온몸으로 울부짖고 있다

달천의 밤은 깊어 가는데
묘한 감개에 젖어
발길을 돌릴 수가 없구나
숭고한 고난은
세월에 밀려 나간다

달빛차 우려내어

억새사이로 싱싱한 붉은 해
울어 넘어간다
바람 따라 일렁이는 검은 능선아래
달그림자 내려선 마당
계수나무 외로이 서있구나

혼자만의 고독
달마저 밤바다에
고요히 잠들고
잠 못 드는 밤
이슬 잔에
쏟아지는 별 서너 개 띄우고
달무리 창가에 두었더니
달빛차가 되었네

한 모금 마시니 별이 부서지고
두 모금 마시니 달이 조각난다
밤마다 하늘에 별자리 선명하고
바다 위 조각배 별 실어 나른다
달빛 한 잔 더 우려내어
고운님 반겨 볼까
그님 따라 거닐고 싶을 뿐……

달을 안고 누운 주산지

저수지 아래 숨겨진 비포장 시골길
옛 모습 잠수되어 허물어지고
주왕산 허리 두른 청정수
그의 침범
그리고
저항 몸부림이었네

깊은 속살 초목으로 자라고 피어나고
어젯밤 지친 달 보듬고 있던 호수
하늘을 가득 담고 있구나
울창하게 숨어든 산길 따라
갇힌 포로들
한 발자국도 움직일 수 없다
비취색 풀어놓은 듯
신선한 감동
가는 길을 막고 서있기 때문이지
수 백 년 물속에
발을 내리고 서있는 버드나무
인고의 세월이었지
눈물도 말라 버렸네
다시 태어나도 그의 품에서 잠이 들고 싶은

그 마음
가는 능수버들 따스한 태양 아래
능청스럽게 물장구 치고 누웠구나
한가롭던 들꽃들의 휴식 공간
잃어버린 고운 달빛 길
바람에 실려 갔는지
돌아올 소식조차 없구나
산새들은 누구를 부르는지
그 소리 구슬프기만 하다

당산나무야

마을 초입
우람한 체구
사나운 세파의 고삐 매어달고
근위병처럼 서서
가슴에 금줄 치고
천년을 하루같이
살아온 당산나무
신성한 귀신들이 모이는 곳

그를 통과해야
여러 갈래 길을 갈 수 있다
그가 내어놓은 그늘
해를 따라 길게 늘어지면
흘린 땀 바람이 와서 씻어 주고

도회지로 떠난 자식 생각에
애타는 모정 어둠 속에 우뚝 서서
샘처럼 솟는 소원
두 손 가득 모은 아낙네
강물 되어 아래로 흐른다
유구하게 서서
안녕 빌고 있는 당산나무

내소사 가는 길

두 손으로 하늘을 받치고 있는
전나무 사이 길로
새벽 예불 종소리가 들린다
출렁이는 나뭇잎새
저마다
휘도는
삶의 흔적
내 존재 가치가 부질없어진다

이승을 태우는 목향의 내음
깊은 산사 새벽을 알리는 신음소리
그 깊이 알 수 없어
제 혼 밝히는 외로운 촛불 켜고
홀로 섰구나

마하반야바라밀(摩訶般若波羅蜜)

법당의 예불소리는 어둠을 밀어 내고
번뇌로 어질러진 마음 재가 되어 떨어진다
산사 뜰 앞 노오란 달빛은
임을 찾아 가느라 숨이 차는구나

* 마하반야바라밀(摩訶般若波羅蜜): 큰 지혜의 완성

내소사 관음보살님

황금빛 날개를 가진 새가
홀연히 나타나
그림을 그리고 날아간 날부터
내소사 대웅보전 안에는
백의 관음보살님이 자리하게 되었다

하얀 장삼(長衫)을 걸치시고
이승을 내려다보신다
수 백 년 동안 침묵하며 살피신다

좌상하시고 세상인심 엿 듣는다
관음보살님의 혜안(慧眼)에는
우리네 혼탁한 모습이 들어 있다

보이지 않는다 아우성치던 중생들이
무릎 꿇고 앉아 합장 한다

관음보살님의 안목(眼目)에
이루어진 우리네 꿈이 들어 있다

백의 관음보살님의 안식(眼識)으로
중생들은 한 가지 소원을 이룬다

* 혜안(慧眼): 지혜로운 눈, 총명한 기운이 서린 눈
* 안식(眼識): 사물의 선악 가치를 분별하는 안목과 식견

메뚜기의 추억

아침이슬로 양치질하고
가을 햇살 먹고 자란 메뚜기
풀 무리 속에 놀다 간 흔적 좇아
한가한 아이들 뒤를 밟는다

손끝에서 높이 올라
달아나는 초록 등줄기
귀여운 꽃잎 받침에
숨으면
고요한 들녘에 바람 잠잔다

가을 언덕 누비며
메뚜기 군단 잡아 놓고
땔감이 되어 버린
뒹구는 이파리들
후후~ 불어 불기둥 살리면
백 년 친구 기다리다 지쳐
먼 산 보고
맛있는 메뚜기 살
무릎 위에 떨어진다
살며시 얼굴 가린

손끝에
봉숭아 꽃물 선명하네
……
눈 뜨니 허공뿐
뭉게구름만이
두둥실 흘러간다

햇볕차

따사롭게
햇볕 쏟아지는 날
툇마루에 비껴있는
양지에서 기다리니
눈을 가늘게 뜨고 바라보는
밭일 갔다 돌아온 엄마의 모습이 왠지 좋아
치맛자락을 잡고 하늘 높이 뛰었네

맑은 미음수에
사랑하는 고향 산천 담아
따뜻할 때
추억 한 조각 녹여놓고
어리는 꿈 한 움큼 떨어트려
스푼으로 잘 저어
마당에 뒹구는 꽃잎 하나 띄우고
마지막으로
고향 마을을 가끔 지나가던
하늬바람 작은 큰 술로 퍼 담고
투명한 햇빛 한 큰 술 집어넣으면
허공에서 활갯짓하는 시계는
삶을 따라 쫓는다

어둠 속으로
밀물처럼 밀려오는
은은한 차의 향기는
고향을 안겨주는
좋은 인연이어라
여유를 품에 가득 안으니
빈 여운만 남는다

하얀 손수건

하얀 손수건에 그림을 그려볼까
물감을 들여 볼까
수를 놓을까
붓으로 시를 써넣을까

나의 마음속 복사기에
하얀 손수건을 놓고
꿈과 비전을 인쇄한다면
그림자처럼
제대로 표현할 수 있을까

해맑은 아침을 사랑하는 마음을
느끼도록 해 주고 싶은데
그대에게……

하늘

서해 바다 파랗게 물들인 하늘
손바닥으로 가린다
나로 인해 좁혀진 너의 영토
당신 눈동자 속에 가득하네
오랜 세월 바래진 솜
낡아 떨어져 겨울에는 찬바람이 살을 에이네
만지면 닿는 곳
솜 한 뭉치 걷어 내려
호청 속살로 넣어서
눅진한 새 이불 만들겠네

그러나
금수강산 제일봉 허리 두르고 있어
접을 수가 없겠구나
바다와 하늘이 맞닿은 수평선
무념의 심지 불이 붙으면
단박에 어둠을 밀어 내고
말끔하게 뜨인 하늘
바다에 토해 내면
그 모습처럼 높고 깊어
속마음까지 투명하게 맑게 유리잔에 비친다
거부할 수 없는 당당한 모습으로
우리들의 희망이 되어 주렴!

은행잎

대지와 입맞춤하는 순간부터
지나온 삶도 내려놓아야 한다
아래로 곧추 세우고
계절은 꼬리표를 달고
봄에 태어날 꽃들을 위해
다시 찬 이슬은 내리고
바람은 싸늘해진다

은행잎 주워
수많은 책갈피에 가득 채웠지
작은 쉼터 되었던 교정 뜨락
세상에 왔다간 흔적
한 아름 엮어 함께 했던 펜팔 추억

흑백사진을 색 바랜 액자에 끼워
바라보기 좋았던 노란 얼굴
문풍지 바람에 날리는 달밤에
들락거리는 겨울바람 무서워
문살 창호지에 숨어 살고자 했던
예쁜 사연 담아
어린 내 가슴에 전해주었지

노란 잎 날리는 날은 다시 돌아오고
연인들 두 손잡고 사랑하며
때론 미워하다
헤어지는 길에
노란 양탄자를 밟고 떠나간다

길 위에 가로수 은행잎들이
그때 그 소녀를 하염없이 기다린다
다시 돌아오지 않는 그 소녀를……

완성된 학

먼 고향이 그리워서
사뿐사뿐 내려선다
물어볼 말이 있었던가
예전에 살았던 곳은 그대로인지
수 십 년이 넘었지
너의 고귀한 자태에 반해
손으로 한 땀 한 땀 수놓은 학
병풍 속에 넣었지

참으로 오랜만이다
너울너울 날갯짓하며
하늘 위 맴돈다

지켜보던 학도
여러 마리 내려선다

나를 둘러 감싸며 춤을 춘다
나 또한 학이 되어 난다

깨어 보니 허무함이었네
학들은 병풍 속에서
여전히 나를 바라보고 서있다

연곡사 단풍

푸르던 잎들은
어디에 숨어 버렸을까

붉디붉은 잎들은
어디에 숨어 있었을까

노오란 잎들은
어느 누가 물을 들여놓고 갔는가

나뭇가지 사이에서 불어오는 소슬바람은
어느 누가 불어주는 바람일까
어디에서 불어주는 바람인가

낙엽이 내리는 길을 하염없이 걸어보자
낙엽이 쌓여가는 길을
하염없이 걸어보자

연곡사 뒷마당에 서서
우수수 떨어지는 낙엽 비를 받아보자
소슬바람에 날리는 낙엽들은
갈 곳 모르고 뒹굴고
나의 발길도 갈 곳을 잃고 서성였네

작은 오솔길

빼꾸기 소리도 멎은 후
저녁놀이 내려앉고 있다
풀벌레 소리에
문득 서글픈 어제의 사연들을
더듬어 본다
옛사람과 같이 걷던
작은 오솔길을
혼자서 걸어 본다

예와 다름없는 황량한 바람소리
해 저문 하늘에 유유히 흐른다
지금
긴 세월 바래진 마음으로
어렴풋이 떠오르는
옛 사연을 더듬어 본다

다시 만나기를 원하지는 않지만
예나 지금이나 변함없이
길섶에 나있는 오솔길을
지날 때이면
그냥 가기 아쉬워

광란의 파도가 지난
고요한 마음으로
추억을 밟으며
달무리 밝은
오솔길을 서성이며
옛 사연을 더듬어 본다

장독대 옆 석류나무

장독대 옆 석류나무는
이른 봄을 기다리며
추운 겨울도 거뜬히 보낼 수 있었지요

꽃피는 봄이 오면
청순한 새순들이
싹트기 시작하여
석류나무 가지를
포근히 감싸주지요

가을이 오면
석류꽃들이 달빛을 받고
따뜻한 가을 햇살 받아
작은 알갱이들은
다투어 비집고 나와
수줍게
세상 구경하고 있지요

질박한 항아리

고결함을 자랑하는 청자
도도한 옥빛을 내고 있었다

천덕구니 흙은
멀고 험한 이치 깨닫고,
도공의 혼으로 빚어지던 날
요염한 항아리 꿈을 안고
뜨거운 불가마 속에서
기꺼이 자신과 타협하지 않았지

온몸에 전류가 흐르는 고통 속에서
인고의 세월은 흔적만 남기고……

꿈을 이룬 항아리는
안으로 행복한 웃음 가득 채웠지만
기쁨은 잠시
고뇌 걷어붙인 여인의 뒷마당
봄이 가득한 장독대에서
볼품없는 투박한 항아리는
낯 설은 메주와 한 몸 되어
장맛을 만들며
한평생
주인과 살며 늙어간다네

짧은 시간 긴 이야기

머리카락으로
바람 서너 가닥 잡아 걸치고
가슴에 가을 색으로 채색하여
마지막 흘린 눈물 한 접시까지
담아 마신다

기다리지 않는 시간에 걸터앉아
나는 서둘러 도시를 떠난다
청량한 햇볕 한 모금 들여 마시고
한가로이 흘러가는 뭉게구름
누어 뭉치 받아
파란 바탕에
정성스럽게 스크랩한다

휴식을 찾아 날으는 기러기들
고단한 날개 짓으로
자연에 순응하기 위해
어디론가 사라진다

맥박 소리가 활기에 넘친다
먼 여정이 시작된 것이다

* 기다리지 않는 시간: 완행열차
* 시작노트: 소슬바람이 불어오는 어느 가을날 배낭 하나 어깨에 메고 남편과 완행열차를 타고 긴 이야기를 만들어 갑니다. 여행을 하며 쓴 짧은 글이지만 짧은 글 속에 결코 짧지 않은 여정과 고행이 숨어 있습니다. 여행을 좋아하는 나는 방학이 되면 어김없이 일상에서 벗어날 계획과 준비를 한답니다. '여행' 생각만 하여도 가슴 뛰는 일이 아닐 수 없답니다.

인연이 모이는 곳

갈망하며 고파하던 자녀
나의 울타리에서 떠나려 하고
또 다른 인연과 만나는 날
나의 영혼은
길 위에 떠오릅니다
정인과 사랑이 싹트고
상들리에 행렬을 지나고
자녀와의 질긴 끈으로
화합이 이루어지면
그 향기는 맑고 고요해
산잔한 호수 위에 백조 같습니다

세상에 빛 되는 아름다운 인연으로
살아가길
간절히 소망하며
꽃밭처럼
꿈꿉니다

땅에 있는 모든 생명들
모두 인연으로 왔듯
조각난 아픔도
어차피 나와의 작은 인연인 것을

새로운 만남은
오늘도 새싹처럼 움틉니다
나의 아름드리나무에서 활짝 피기 위해

충주호에 담은 그리움

호수를 끼고 이어진 길
솟은 탑은 하늘 겨냥하고
푸른 내력
수 십 년이 흘렀구나

수려한 옥빛 청풍호반
온 사방 고요 속에 흔들리고
초저녁 강 안개
퍼져 나가면
종이배 띄워 거슬러 오른다
불빛 동자 호수 속에 아른거리고
잔잔한 물결 젓는 사공아
깊게 빠져 흔들리는 불빛 가련하지 않느냐

굽어 있는 산등성 말이 없고
충주호의 밤은
너즈레 모래사장 밟고 건너오네
모래알 같은 사람들
발걸음 닿는 날
내 마음에 누워있던 그리움
호수에 잠기네

푸른 신록은 밤이슬에 젖는데
강 나루터에 적막이
쌓이네……
쌓여만 가네

하루 일기

오늘 비가 많이 내렸다
마른 대지 위에 촉촉하게 내렸다
출근할 때는
우산도 없이 출근했는데
퇴근하면서
삼실에 주인 없이 뒹구는 우산을
쓰고 왔다
집에 와서 보니
우산을 쓰고 왔는데도
옷이 많이 젖었다
그래도 오랜만에 비를 맞으며
기분이 좋았다

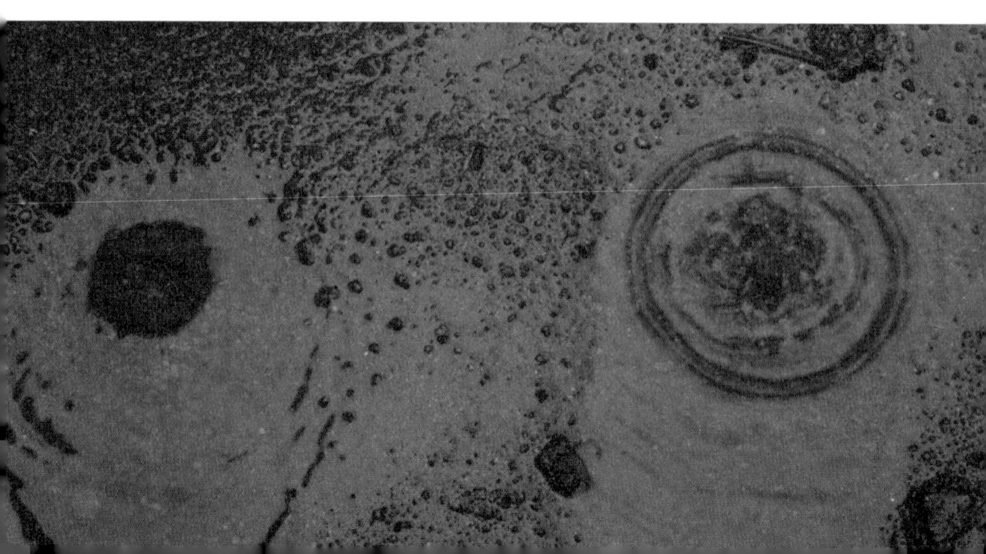

4부

바위가 되기 위한
기도

군사우편

달이 날마다 몸을 베어내고
다시 둥근 선을 그리고 살을 채워
보름달이 되었다
늘 이어지는 그리운 마음 하나
군사우편 직인 찍힌 편지는
뜨거운 여름 한낮 소나기처럼
내 마음 식혀준다

전화에서 듣는 각별한 시간도
체취가 묻어있는 편지에 버금갈까?

사랑하는 사람들로부터
멀리 떨어져 있는 듯한 고독
이겨내는 인내심
얼마나 커져 이겨내야 하는지
거부할 수 없는
군인의 의무와 구속
통과의례처럼 지나가야 한다면
나라 향한 열정으로
충성심이 싹이나 자라기를
간절히 바래본다

달은 다시 몸을 깎아
보름달이 되기 위한
고행을 하고 있다 오늘도, 내일도,
영원히……

* 아들이 16년 전에 최전방에서 군복무 중일 때 그 부대에서 GOP사건이 터져서 많은 젊은 아들들이 생명을 잃었던 사건이 있었다. 내 아들은 다행 중 불행인지 불행 중 다행인지 그 아비규환 속에서 살아왔지만 그날 목숨을 잃은 우리의 아들들의 명복을 빕니다.

망향의 한

신음하였던 슬픈 역사
비무장지대
평화의 상징인 비둘기만이
자유롭게 날고,
임진각 가는 파주 자유로
좌측에 보이는 북한 땅
철조망으로 둘러선
게으른 철 담 사이로
반 동가리 땅
허리에 둘러선
젊은 혈기들
피 비린내
아직도 마르지 않았는데

두렵구나!
같은 하늘 아래 흐르는 강은
오늘도 굽이쳐 흐르는데
사람만이 이방인 같이 멈추어 서있다

임진각 은행나무들
새 옷 갈아입는다 여념 없고

철조망에 앉은 까치만이
자유롭게 날고 있네

망향의 한 달래는 고목나무만이
말없이 서있고,
그날 폭격으로 겨우 살아남은
자유의 다리
통일의 싹이 자라는 곳
우리를 서있게 해 준 다리
철조망 쳐놓은 곳
짐승들은 잘도 왔다 갔다 하는데
사람만이 남북을 자유로이
오고 가지 못하고 있는
이 아픈 현실

뒤져보면 그래도 어딘가
남아있을 숨결 찾는 늙은 모정
가슴 밑바닥에서부터
흘러나오는 절규
비통한 하늘
가슴을 저민다

말은 잊었습니다

가슴 가슴마다 청진기를 대고
마음의 소리를 듣습니다
허기를 달래고 달래도
부족한 게 많아
채워지지 않습니다
고르고 골라도 내 것은 없습니다

단잠을 잊고 긴 밤이 새도록 환우들을
돌보는 따뜻한 손길들
말은 이미 잊었습니다

하늘 높이 올라가는 검은 연기 경보음
식사 때를 이미 놓쳐버린
소방관들의 거친 숨소리
절규와 아비규환들
말을 잃었습니다

새벽을 알리는 예배당 종소리
그리고 새 아침의 정적을 깨우는
자전거 페달 밟는 소리
희미한 안개 속으로 사라지는

신문배달 소년의 힘겨운 생활
묵묵한 삶
말은 잊기로 했습니다

매서운 바람 불어 닥치는
눈 내리는 언덕길
연탄 가득 싣고 올라가는
수레 끄는 검은 그림자
누가 삶을 행복이라고 했던가!
별들의 노랫소리를 듣기 전……
말은 이미 잃어버린 지 오래되었습니다

바위가 되기 위한 기도

태초에 뜨겁게 용솟음치는
몸부림이었다
냉엄한 시련 견디어
오늘에 이른 삶
어두운 지난 밤
계절의 변화에도
너는 강한 집념 드러내고
그칠 줄 모르는 생명으로
언제나 초연하구나

너의 등어리에 떨어져
누워있는 지친 육신들
때 아닌 비바람에 싸늘히 식어가도
마지막 남은 나뭇잎 떨어져
너에게 입 맞추고 구슬피 울고 가도
너는 진정 아무 일 없었다는 듯
끝내 아무 말 없이 살아남아야
되겠지…… 물론……
그래 너만은 그래야 되겠지
내가 너에게 할 수 있는 건
흔들리지 않고 지켜보는

달관의 경지
너는 오랫동안 내 마음에서
떠나지 않으리라……
청마의 마음을 흔들게 했던 그 바위가
오늘따라 보고 싶구나

* 넘어지지 않기 위해서 오늘도 일어서렵니다. 바위가 되기 위한 기도입니다.

친해진 밤

혼자 왔다가
혼자 가는 길에
어둠 실어 나르기 위해 온 밤
앞을 가로막고 있다
이제는 익숙하여 친해진 길동무
나와 동행하자 속삭인다

쓸쓸한 가로등
기울어 쓰러지면
염치없이 따라온
외로운 그림자
우두커니 서서
자동차 헤드라이트 불빛에
한 바퀴 휘돌아 갔다가
앞에 멈추어 선다

고독한 밤은
별자리를 만들고
애달픈 내 그리움
안겨준다

조용히 하루를 가두기 위해
낮 설은 사람들은
넓은 길을 향해
손을 쳐들고 있다

파리한 밤을 피해
찾아가는 곳
그곳은 사랑이 가득하겠지

비 내리는 밤

비 내리는 밤
그들은
지금 그 자리에서
비의 소리를 듣고 싶어 한다
단단한 아스팔트 위에
촉촉한 대지 위에
소식을 전하며
가까이 와서 닿는
그들의 소리를
듣고 싶어 한다
……
가난한 이들은
더욱 처량한
비 내리는 밤의 소리를

외로운 이들은
더욱 쓸쓸해지는
비 내리는 밤의 소리를
듣고 싶어 한다

작은 골목길을
돌아가는
낡은 우산 하나
그리고 두 사람
비 내리는 밤
도시의 두 어깨는
많이도 젖었지만
외롭지 않다고
가난하지 않다고
두 손을 꼭 잡고
멀어져 가는
두 사람의 소곤거림을
오늘도 듣고 싶은 것이다
그들은
……

삶의 허무를 태우며

하루해를 등에 지고
네댓 장 넘어 되는 번뇌 가슴에 안고
야심한 밤
시린 발을
달빛 속에 내 맡긴다

뜨거운 오뎅 국물
연탄 화덕에 빨갛게 익은
가엾은 꼼장어 한 접시
그리고 소주 한 잔
타는 목에 밀물처럼 밀려오면
……
동여매고 살아온
허허로운 삶의 무게
내게 머물러 있는
고독과 한숨 위에서
미소를 보내고 있다

안으로 숨어있던 서러움
눈 밑에 번지고
황량한 겨울바람만
천막 지붕 위를 흔든다

초롱초롱한 별들이 흔들리는
포장마차 구석에는
무던히 참고 참던 인생의 허무함을
별빛 속에 던지고 싶은 이들이 있었다

* 네댓 장 넘어 되는 번뇌: 월급

고요히 흐르는 한탄강

유월 어느 날
꽃향기에 취해있던
하얀 미소는
전쟁의 이슬이 되고

시퍼렇게 멍든 너의 마음
눈물 강이 되어 얼어붙었나
아비규환과 울부짖음은
강바닥에 잠재웠나
고요히 사색 중인 한탄강

세상에 와서 처음 만나는
너의 모습 속에
하늘과 구름만이
평화롭게 떠다니네

강 옆 낙랑장송 몇 그루만이
지나간 역사를 지켜보고 서있다

분단의 아픔 망향의 한은
온 누리에
메아리가 되어 울리는데……

실수와 요령

어느 한 곳이 모자란 것이 아닌데
크고 작은 실수가 잦다
크고 작은 실수가 있을 때마다
일하는 요령을 하나하나 배워간다
차분하게 한 박자만 늦추면
실수가 줄어들 것인데……
요령이 없어서 이리저리 뛰어다니다가
중요한 일을 망치는 실수를 한다
뜻하지 않는 실수를 한다

계획적인 생활과
절차의 필요를 느끼고 있다
상대적 연관성이 무엇보다 필요하며
차분하지 못한 마음 뒤에
감당해야 되는 몫은
크고 작은 실수라는 것을
일하는 요령을 하나하나 터득해 간다
계획과 절차에 맞추어서 터득해 간다
유능한 사람으로
자신감이 생길 때까지

전봇대

길 위에 밤이 찾아오고
마을 어귀 삽살개
돌아눕는 해 보며 짖어대는
예나 지금이나 기나긴 여정과 행렬
손에 손잡고
서있는 전봇대

불면 날아갈 듯
약하고 외로워 보이지만
안아 보니
하늘 찌를 듯한
그 위세 당당하구나
내 어린 날
너는 태어나지도 않았지

언제부터
당돌한 자태와 위세로
강하고 터질 것만 같은
어둠을 향해 저항하는
몸짓으로 가득 채워져 있었는지

너는
어둠을 저항한 죄밖에 없는데
그 죄밖에 없는데……
죄수들의 목에 걸린
쇠사슬 같이
긴 생의 여정과 행렬
그 모습
길 잃을까 끈 잡아매고 가는
단풍놀이 행렬 같네

아픈 다리 잠시 쉬었다 가시게
등에 짊어진 무거운 짐이나
잠시 내려놓으시게나
너에게 머물렀던 내 그림자
흔적만 남기고
이제 너를 두고 간다네

흔들리는 지구

지구의 깊은 곳에 있는 용암이
대류 운동에 의해 서서히 움직인다
지진파가 계속되며 땅이 진동한다
육지가 흔들리고
모든 것이 흔적만 남으려 한다

탁자 위에 서있던 못난이 삼 형제가
절망의 눈으로 몸부림치더니
떨어져 붉은 피를 토해내며
최후를 맞이한다

벽에 기대고 있는 기타 줄이
혼돈의 불협화음으로 떨고
창백한 가로등도 투신하고 있다
아스팔트에 서있는
도로 표지판이 눈을 감는다

사신이 미소 지으며
가까이 다가서고 있는 듯 세상이 떠밀려 가고 있다
불안하여 제대로 가누지 못하는 마음처럼 평형을 잃고 있다
땅의 진동으로 마음이 떨리고

발아래 세상은 이리저리
흔들리는 그네에 앉은 듯
아득한 슬픔에 안긴다
……
잠시 후
세상이 뒤틀려서 휘어지는 듯하더니
원상태로 돌아온다
나의 품에 안겨 불안해하던
곰돌이도 내려와
자기 자리에 얌전히 앉는다
점점 평온을 찾아간다
세상은 내일에 또 있을 재앙을 예감 못한 채
고요한 적막 속에 잠든다

그 손

머리에 하얀 눈이 내려앉은 할머니
하얀 머리 위에 한 아름 보자기
두 손으로 가지런히 내려놓는다
보자기에서 나오는 젊은 채소들
살아서 움직인다
궁금하여 다시 보니
쪼그리고 앉아서
다가설 그림자를 기다리고 있다
굽어 있는 허리 반쯤 더욱 구부리고
후미진 곳에서 좌판을 펼치네
즐비한 상점 틈 사이에서
민초들과 흥정한다
고목나무 껍질 같은
손으로 건네는
채소 한 다발 받으며
세월의 거친 흔적
살짝 훔쳐본다

꼬깃꼬깃 접어 넣어둔 종이돈 세며
무릎 한 번 치며 외치신다
화사한 미소 가득하다
저만치 웃음소리 멀어진다

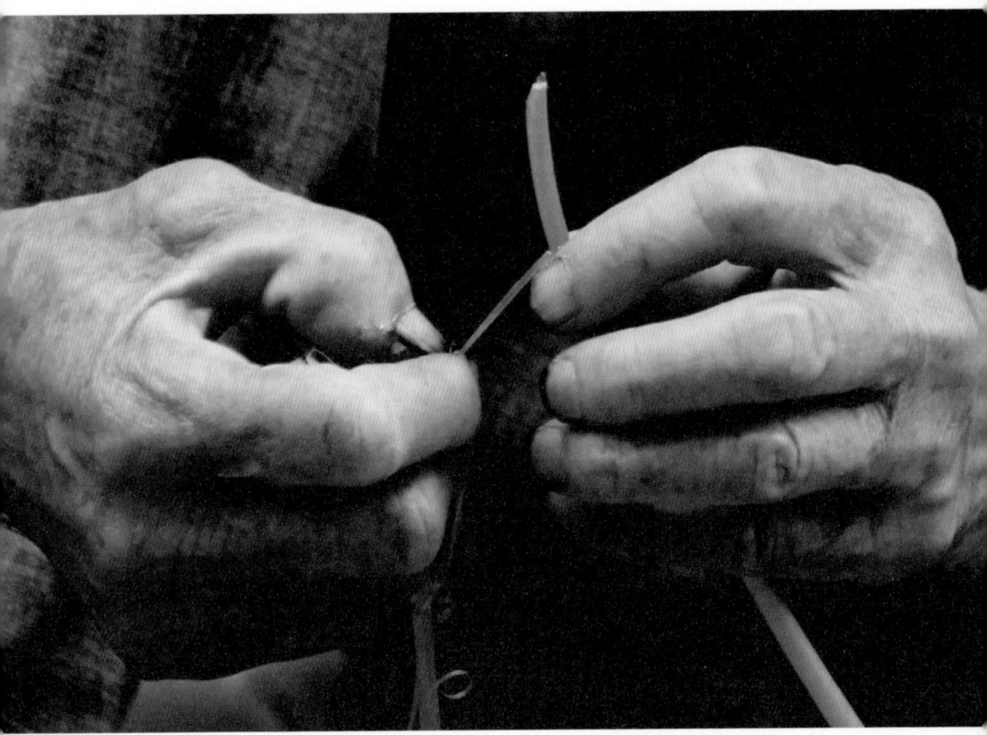

터널

등에 짊어진 산등성
해를 지고 숨어들었네
먼발치에서
그를 터널이라고 할 수 없고
그저 산이라고 해야 한다
그는 이미 희망을 잃어
일어설 힘조차 없다
몇 겁의 아픔을 겪었는지
눈빛마저도 초점 없이 희미하다
세상이 끝이 나도
가슴을 땅에 묻고
누워있어야 한다네

통과의례처럼 지나가야만
찬란한 해를 볼 수 있고
가는 길을 막을 수도 없고
원치 않아도
앞사람이 갔던 길
가야 한다네
끝나는 곳은 또 다른 시작이다
절망의 끝에

희망이 보이며
멈출 수 없는 인생길
터널이 보인다고
돌아갈 수 없다
어둠은 빛과 함께 공존하니까

산은 말이 없고

흙냄새 맡으며 숨 쉬는 그는
살아있는 생명 명 끊긴 육신
꼭 껴안고 도시를 떠났네

산이 돌아앉는다
왕관 같은 기암 봉오리
숲 속에서 손짓하면
밤새워 산길 돌다
꽃이 된 사연
눈 속에 던져지고
하산 길에 다시 보니
너를 향한 애틋한
그리움이었네

그가
길에 내려서지 못하도록
둘러쳐진 철망
길 따라 달려가는 산
물길을 내어 타는 목
축이고 가면
말라 짓눌러진 웃음
세상 밖으로 끌려간다

썰물이 밀려 내려간다

바다는 내적으로 풍요로워졌는지
썰물이 되어 밀려 내려간다
평소에 볼 수 없었던 것을 남기고
하얗게 포말을 이루며 밀려간다
바다는 어떤 것을 감지하고
새로운 발견을 하였는지
지름길을 만들어 밀려 내려간다
바다 밑에 살던 물고기 해초류 온갖 생명들이
소금 냄새와 섞여서 바람에 실려 온다
그곳에서 자아내는 비릿하고 풋풋한 냄새가
코끝에 와 닿는다
개펄이 드러난 드넓은 바다에는
밀물이 밀려오기 전에
이상야릇한 바닷속 생물들이
펄과 뒤섞인 무더기 덩어리가 되어
가만히 숨죽이고 있다
신선하고 자극적인 순간이다

* 진도의 바다가 갈라지는 곳에서

빛바랜 사진을 보며

빛바랜 사진 속에
웃는 얼굴이 들어있다
일그러진 얼굴도
사진 속에 정지되어 있다
정직한 거울과 같이
나 아닌 내가 나를 보고 있다

얼굴에 나타나는
마음속 파장
비록 미소 짓고 있지만
우울했던 그때그때 순간들이
그대로 음영으로
사진 속에 정지되어 있는 건
얼굴이 아니라 마음인 것을
……
빛바랜 사진 속에
나 아닌 내가
나를 보고 있다
소녀의 청순함으로
그대로 정지된 채
사진 속에서
나를 보고 있다

눈물의 이삿짐

파란과 기복이 묻어 있는 이삿짐
남의 집 아래채로 오던 날
마당 빈 공간에 팽개쳐
풀지도 않은 이삿짐

세월의 시름만큼 쌓인 먼지
기반 잡고 살날 기약 없구나

파란과 기복이 함께 실려 온 이삿짐
등이 시린 가난으로 아파했던 지난날
잊혀진 과거 속으로 찾아오던 날
훨훨 타고 있는 밑불
집게에 집어 주던
정 그리워 왔지만

과거 속에 살던 집
넘지 못할 회색 건물 되어
거만하게도 서있구나

대구 지하철에서

무서운 영혼
순한 영혼
슬픔으로 금방 쓰러질 것 같은 영혼
기쁨과 환희에 잠긴 영혼
숨 쉬는 영혼들이 한 곳에
채집되어 조용히 있다

의지와는 다른 곳을 향해
미지의 세계로 미끄러진다
위험한 네모상자가
멈추어 서기만 하면
힘들어 신음하는 영혼들을
교환해야 한다

사랑하는 사람하고 이별을 해야 하고
작은 공간과도 작별을 해야 한다
발밑에서 꿈틀거리는 가엾은 시간을 짓밟고
땅 속으로
승리를 위하여 내려가야 한다
찬란한 해를 보기 위하여
거침없이 달려가는 지하철은
어둠을 만나고 서야 멈춘다

전쟁에서 살아남은
영혼들을 위하여
오늘도 한 통 가득
채집하여 위험 속으로 달려간다

산은 말이 없고

길에 내려서지 못하도록
둘러쳐진 철망
산이 돌아누웠다
흙냄새 맡으며 숨 쉬던 당신은
살아 있는 생명
명(命) 끊긴 육신
꼭 껴안고 도시를 떠났다

귀암 봉우리
숲 속에서 손짓하고
밤새워 산길 돌다
꽃이 된 사연
눈 속에 던져지고
하산 길에 다시 보니
그리움이었네

길 따라 달려가는 산
물길을 내어 타는 목
축이고 가면
짓눌린 웃음
세상 밖으로 끌려간다

의자들의 상념

좁은 틈새 비집고 들어오는
소녀들의 건강한 웃음과
세월의 높은 파도에
바래진 미소가 엉키어
흘려놓은 자리

명치끝에 걸려 더욱 검게 타버린
낡은 등받이 의자는
따뜻한 마음으로 닭살 같이 솟아난
추위 녹여준다

매일 버티기 위한
가녀린 힘 충전 받고
두 눈은
모자라는 잠으로 풀려 있었나 보네

사람들은 주변에 서서
생명줄을 잡고
내 무게 견딘 자리
뺏으려는 거친 두 숨소리
광기 무서워 문조차 닫았네
말없는 너의 가슴 검게 타는구나

이정표

원시시대 문명의 뒤안길
앞만 보고 서있는
각진 얼굴

님을 잃고 방황하고 있어도
뒤도 돌아보지 않는다

지쳐도
누워 보고 싶어도
묵묵히 서서 자리를 지킨다

길을 잃었을 때
그를 만나면
희망이 손짓을 한다

비가 내리면 비를 맞고
밤에는 달빛 친구 삼아
홀로 외로운 그

굶주려 야윈 다리
그래도 비틀거리지 않고
언제나 자리를 지킨다

백이라는 수는 그의 나이
팔십이라는 수는 그의 마음 단위
길 잃고 헤매는 어린양들을 위해
매연에 병들어도
자리를 지킨다

지나온 일 서러운 길
기억하지 못하는가
몸이 산산 조각나 실려 가도
초연하다

수십 년을 하루같이 서있는 그를 위해
그 상심 잠시 내려놓고
여러 갈래로 갈라진 길
그가 있어, 이정표가 있어
나는 길을 잃지 않는다네

태풍이 불어온다

태풍이 불어온다
여름 다 가고
계절이 바뀌어
첫가을의 길목에 서있는데
세찬 빗발이 창문을 내리치고 있다

거센 바람이 분다
아슬아슬 턱걸이하고 있는
베란다 난간을 날릴 듯한 바람소리
거리의 가로수
바람 부는 대로
꺾어질 듯 흔들거리더니
받침목이 쓰러진다

가로수 들어 올린
참지 못하는 성품이 거친 그는
아스팔트 위에 던지고
뒤집어 부러트린 채
다시 내동댕이치고 간다

다음 날 태풍이 지나간 자리
수난의 상처 자국 남았지만
비 갠 뒤의 찬란한 태양광선
악몽을 잠재운다

거센 바람 앞에서도
꿋꿋이 버티고 있던
잎들은
빛나는 햇빛 아래
젖은 몸을 말린다고 여념이 없다

행복 뒤에 숨어 있는 불행

달디 단 내 시련 한 잔 마시고
불혹의 끝자락에서 기다리는
허무까지 들어 삼킨다
끝내 마시지 못한 슬픔으로 목이 메어 오면
눈물은 행복의 결정체라고
힘든 순간 돌아가 쉴 곳
기다리고 있어
그래도 행복하다고
힘주어 말해준다

외롭고 추운 날
그래도 작은 몸
기댈 수 있는 주어진 자리
발밑으로 스며든다

아픔을 배고 차가운 침상에서
잊혀졌다가 꿈꾸었을 때
행복은 나에게 소곤거렸지
두 번 다시 나를 떠나지 않겠다고
불행 뒤에 찾아온 행복 뒤에
또 다른 불행이 숨어 있을까
두렵구나

먼 데 있다고 생각했는데

먼 데 있다고 생각했는데
만들고 싶지도 않았는데
내 마음에 와 닿는 고독과 외로움
그곳에 살고 있었던 황량한 바람
사십의 허무인가

가장 게으른 표현으로
잡초라도 잡아보려 한다
온몸으로 시위하듯
내 던지고 가고자 했던 곳
혼이 나간 사람처럼
시장 한복판에 서있다

살아 움직이는 시장에는
활기가 넘쳐흐른다
열정이 있고 낭만이 있다
살기 위한 몸부림이다
바람도 멎었고
고독은 발밑에서 꿈틀거린다

다시 가고 싶다
그곳으로……

슬픈 유행가 가락에

슬픈 유행가 가락에
마음 적셔주는 밤

젊은 날의 방황은
안정되지 않은 모습으로
아직도 남아있네

미풍에 흔들리는 호롱불처럼
흔들리는 마음 잡지 못하던
마음 남아있네

이 겨울밤
나의 내면에 흐르는 회환
슬픈 유행가 가락에
젊은 날의 방황과 오뇌를
실어 보려 한다네

5부

고향 하늘 아래에는

공원 벤치에서

이름 없는 목수의 작품인가
잠시 쉬었다 가는 나무 벤치
언제부턴가 그들은 공원에
나란히 서있다

잠시 쉬었다
길을 떠나는 쉼표 같은 곳

작품 설명 적힌
푯말이라도 꽂혀있나
이리서리 두리번거린다

예쁘게 생긴 벤치는
기다리는 동안
나는 생각하는 사람이 되고
그는 생각하는 사람을
지지하는 받침목이 되어 있다

작은 공원 벤치는
지쳐있는 많은 사람들이
잠시 쉬었다 가는
인생 쉼표 같은 곳이다

삭막한 도심 속 쉼표 같은 곳
무거운 그림자 잠시 머물다 가는 곳
그곳을 지나가는 지친 발걸음
눈이 내리고
비가 와도
언제나 그는
기다리는 마음으로
망부석처럼 서있다

구룡사 가는 길

구룡사 가는 길
세상에
아무 미련 없는 나와
산
고뇌의 삶
한계에 부딪치고
완만한 길 친구가 되어
심신이 안정되고
잘린 나무 둥지
나이테마다
사연과 타협한 흔적
역력하구나!

기암 바위 하늘 향해
쳐들고
숲을
허리에 끼고
계곡 길 접어드니
계곡 물소리
숨이 가쁘고
새소리
나의 마음 이끄네

높은 계단에 치마 지붕
뒤 호위병 같은 치악산 말이 없고
이슬방울만 발등에 뚝뚝 떨어진다
나와 교감한 나무들 사이로
뒤를 돌아 서서
손을 흔들고
내려서니
속세구나!

고향 하늘 아래에는

저 너머
산모퉁이로 돌아가는
아직도
어수룩한 새벽하늘

맑게 지저귀던 종달새
기억을 주워 먹고
허리 굽은 논길
가로질러
날아간다

농부 그림자 밟고
즐겁던 복실이
부질없이 하품하고

그칠 줄 모르는 호기심으로
어린 씨앗들은
긴 침묵 속에서
잠이 깨고
흙속에 안긴다

나의 동반자

멀고 험한 인생길
내 나이 벌써 예순 하고도 셋
함께 걸어왔던 나의 동반자가 있어
외롭지 않았구나

바람 부는 날 바람막이가 되어 주고
비 오는 날 우산이 되어준 사람

태풍이 몰아치던 날
절대 절명의 위기에서
가까스로 내 손을 잡아 주던 사람

살갑게 다가설 수 없어도
소리개의 발톱으로부터
나를 지켜 주었던 사람

그날이었지 정색을 하고
자리를 떠났던
지난날을 돌아보니
회한으로 부끄러움만
남아있구나

문(門)

언제나 안심하고
내 마음의 문을
열어 놓고 싶습니다
고향집 마당 싸리문처럼
닫혀 있어도 싸릿대 사이로
산과 들
강과 하늘이
다 보이 듯

내 마음 가끔 우울해
문 닫혀 있어도
유리알처럼 투명하여
벗들이 가까이 와서
마음을 다 볼 수 있었으면
좋겠습니다

뜨락에 비 개인 후
화창한 날 오후
새들이 날아와 노래하고
벗들이 쉬어 갈 자리도
마련해 두고 싶습니다
향기로운 헤이즐넛 커피와 함께 말입니다

벗들의 마음 또한 투명하여
넝쿨이 담을 넘듯……
내 마음 넝쿨을 길러내어
그대에게 더 가까이 다가가고
싶습니다
그런 문을 가지고 싶습니다

봄비

겨울의 무대에서
봄의 무대로
고운 빛으로 열리기 전
관객들은 환희와 기대로
가득한데
천둥과 번개소리에
놀라 선잠을 깬 개구리가
눈을 부비고
꽃마을 새악시 얼굴에서는
이슬방울이 맺히네
이렇게 봄은 우리 곁에
다시 오고 있고
자리 내어주기 싫은
겨울무대는
봄비와 함께
막을 내린다

부엌에서

시간들은 머무를 수 없는
자리에서 일어나
나를 스치고 지나간다

어둠 아래 전등 빛만이
작은 공간을 짓누르고 있다

나를 믿고 따르던
그릇들은 오염되어
물속에서
고기떼처럼 헤엄칠 준비를 하며
서로 의지하고 바닥을 향해
말없이 엎드리고 있다

작은 물방울들은 손끝에서
마지막 저항을 하다가
어디론가 사라져 버린다

내 안에 있던 상념의 그림자들을
가만히 내려놓고
깊은 밤
꿈을 가꾼다

새벽 기차

캄캄한 새벽하늘이
점령하고 있는 도시 한복판
끝이 없이 지나가는 긴 새벽 기차
조용한 새벽하늘 아래
가로등 불빛 사이로
소음을 내며
어수룩한 하늘을 가르는 새벽 기차
그곳에 나의 시선이 머문다

시아에 가까워졌다가
멀어지는
종착역을 알 수 없는
새벽 기차에 시선이 머문다

시리도록 차가운 새벽이슬 맞으며
새벽 기차는 나의 시야에서
멀어진다
새벽과 함께 멀어진다
멀어지는 새벽하늘 저편으로
아득히 사라져간다

새해 달력

새해 달력이
벌써 두 장이 넘어가는 날이
며칠 남지 않았다
시간이 너무 빠르게 지나가는 자리에
남아있는 건
좋은 추억과 추억이 담긴 사진들 뿐
그 때 그때 행복했던 기억이
삶을 아름답게 한다

숲

어린 나무를 키워낸 땅에서는
꽤나 굵은 나무들이 모여 숲이 되었다

겨울에는 떨어진 잎들이
떠나야 하는 것을 이미 알고

봄에는 감추어 둔 푸르름
다시
발아하는 곳

여름에는 비밀 문까지 열어놓고
오솔길 저편 울창하게 갈아입은 숲으로
안내하는 곳
어느덧 훤칠한 초목들은
오색 관을 쓰고 산새 소리를 듣는다

어느 곳에서도 만날 수 없는
별도의 세상과 마주 한다

천 년 전부터 끊임없이 솟아 나오는
샘물 얻어 마시면
찌든 사념 내려가고
맑은 세포 이식 받는다

듬성듬성 돋아나는 길가 들풀들
재잘거림이 정겹다
바다가 보이는 테라스에 앉아
한 폭의 풍경화 된다

원주민이 되고 싶은 분은
숲 속으로 오세요
도심 속에 지친 심신
태초에 그 웃음으로 바꿔 드립니다

휴지통

휴지통을 클릭하니
문서들이 휴지통으로 간다
비우기를 클릭하니
영원히 복구 할 수 없는
완전 삭제가 된다
이제는 어디에도 없다
세상에서 영원히 없어진
문서가 되었다

내 마음은
지우고 싶을 때
삭제하고 싶을 때
누를 수 있는 버튼이 없다

내 마음의 휴지통에
비우기를 하고 싶다
마음속에 미움, 슬픔, 분노,
우울한 잔재들을 비워내고 싶다
나를 괴롭히는 많은 번뇌들
틈만 나면 나타나
파장을 일으키는 상념들

모두 휴지통에 넣었다가
완전 삭제하고 싶다

컴퓨터에 있는 휴지통을
내 마음속에도 가지고 싶다

싸리문

말린 싸릿대 묶어
우리 집 울 생기던 날
밖과 안이 만들어져 마냥 아늑하였네

닫혀있어도 강바람 들어오고
산 그림자 드나들었지
그 싸릿대 사이로 봄이 들어오면
온갖 새들이 넘어오고
예쁜 꽃들이 싸리문을 의지하고 피었었지
늦은 여름엔
싸리문 꼭대기에 앉은
날개 지친
잠자리가 잠시 쉬어가곤 했지
여름 지나가고
가을 신선한 바람, 그리고
풀벌레 소리 구슬프게
싸리문 사이로
들어오면……

하얀 겨울이
싸리문 밖에 왔다고
가을이 살며시 싸리문을 나갔다네
다시 온다 약속도 없이
색이 지쳐 엷어진 편지 몇 장 남겨 놓고
가을 속으로 떠나갔네
싸리문은 닫혀 있어도
싸릿대 사이로
모든 삶과 봄, 여름, 가을, 겨울이 드나들었었지!
영원히……

아랫목에 누워

아랫목에 누워 창을 보니
비가
하루 종일 얇은 유리를 타고 흘러내린다
내리는 빗소리에 귀 기울이며
하염없이 게으름을 피우고 있다

방으로 들려온 빨래에게는
더없이 얄미운 빗소리이겠지만
나에겐 게으름을 피울 수 있는
반갑기만 한 빗소리이다

주룩주룩 뚝 뚝 쏴아 쏴아
빈 양동이마다 떨어지는 빗소리
그 청아한 소리는
실로폰과 트라이앵글의 합주곡처럼
들리는 건 어쩔 수가 없다
가끔 천둥치는 소리는
큰 북을 둥둥 두드리는 소리같이 들린다
번개도 조명 역할을 아주 잘하고 있다

아랫목에 누워
하염없이 쏟아지는 졸음에
빗소리 나직이 멀어진다
천정 가까이 매달린 빨래들이
잠에 취해가는 나를 내려다본다

빗소리는 점점 귓가에서 멀어진다
아득히 멀어진다
실로폰과 트라이앵글의 협주곡도
점점 작아지고
큰 북소리도
점점 멀어진다
나의 심신은
아랫목 편안한 곳에서 잠에 취해
먼 여행을 떠난다……

시어머니

보이지 않는 담을 앞에 두고
마주 서있는 어머니와 며느리
나이만큼 쌓아 올린 집념과 아집

복닥거리며 부딪히고 살면서
생각 없이 던진 말 때문에 후회도 하지만
가슴 속에 응어리로 남아있는
크고 작은 어려운 말들

곡해하지 않을까
지혜롭게 선택한다

마음의 문을 열고
허점투성인 며느리는
먼저 꾸중받길 원하며
다가서 보기로 한다

멀리 떨어져 산다는 이유로
조석 제대로 지어 드리지 못한
며느리 나무라신다던 어머니는
“고생했다”
이 한마디로 아픈 마음 울린다

여름

듬성듬성 올라오던 녹색의 향연
어느 듯 봄인가 싶더니 여름이다

이슬로 젖어있는 숲에는 여름날 아침이 열려있다
이끼 양탄자 깔린 숲에
가느다란 빛이 퍼진다

넓은 숲을 덮는 광채 사이로
둥지 떠난 새들이 날아간다

높은 나무에서는 매미들이
긴 목청으로 여름 교향곡을 부르고 있다

방향이 정해진 해가
산을 조심스레 넘어간다

어김없이 따라가던 해바라기
고개를 떨어뜨린다

쉬엄쉬엄 쉬어가는 노을 아래로
땅거미가 기어 다닌다

오월의 향연

달빛을 받아 하얀 목덜미를 자랑하던
목련은 피고 지고
파란 하늘은 방긋 미소 짓고
새색시 핑크빛 볼 같은 어여쁜 꽃잎들
자유롭게 날아 바람에 흩어지고
꽃 잎 떨어지는 호숫가에 꽃비가 내려서
마음 둘 곳 없네

그날
꽃구경 간다고
마음 설레게 하던 꽃봉오리들의 밀담에
지상 위에 모든 어린 새싹들이 움츠렸던 그곳
때는 5월!
흐드러진 꽃들이 다투어 피고 지고
숲 속에 있는 작은 방갈로
아담한 유리창 너머
아지랑이 모락모락 정원을 감싸고 도네

푸르름 절정에 달해 있고
5월 여왕
산마루에 앉아있네

태양은 따사롭고
작은 호수에 뛰노는 금붕어
볕이 뜨거운지
그늘로 숨는다
메말랐던 대지에 푸른 삶이
큰 파도처럼 밀려오네
때는 5월

연못에 비친 목련

까만 밤을
뜬 눈으로 지새우더니
칠흑 같은 어둠 속에서도
비바람 몰아치는 성난 날에도
연둣빛 하나 없는 야윈 가지로
며칠 동안 몽우리를 만드는데
여념이 없었는데……

연꽃을 닮고 싶었던그녀의 소망이
지극하였나 보네

어느 고요한 봄날 아침
연못에 비친 가지 끝에
고귀한 생명을 잉태시켜
벌어지더니
하얀 목련이 되었네

오징어 눈

동해바다에서
유유히 노닐고 있을 때
또다시 밤이 찾아왔다

나를 유인하는 배들이
대낮처럼 불을 밝히고
목적 위해 허덕이고 있었다

열 개의 다리로 뛰고 또 뛰었지만
허무한 반항이었네
먹물로 그들의 시야 가렸지만
동지의 촉수로 방향감각을 잃고 말았다네

흐려지는 눈앞에
잘려진 지느러미
재정비를 서두르고
터져버린 내장 하수구로 흘러간다
껍질은 벗겨져서 이슬방울 맺히고
팔팔 끓는 바다에 들어가서
오징어 꿈을 접었다네

욕심의 그릇

채우지 못한 욕심이 지나쳐
바벨탑을 쌓았지요
승리를 갈구하는 욕심의 그릇
권력을 가지려는 욕심의 그릇
채워지지 않는 것을 채우려는
욕심의 그릇

비우지 못한 욕심의 그릇 안에는
적개심이 싹틉니다
분노의 싹도 돋아나지요
분노는 커져서
원한의 열매가 달리지요

나누어 가지는 마음은
욕심의 그릇을 비울 수 있습니다
먹지 않고 버리는 것을 나눌 때
분노는 용광로에 넣은 쇠처럼
녹아내립니다

일기

창밖에 비가 많이 내린다
비 내려오는 소리하며
비가 땅 위에 사뿐히 내려앉는 소리가
청아한 실로폰 연주소리 같다
누군가는 창밖의 빗소리를 듣고
영감을 얻어서 아름다운 곡도 남기기도 했다지
상상력과 감수성이 풍부한 나로서는
청아한 실로폰연주로 들려온다
밤도 깊어가고 생각도 깊어가니
농익은 포도주나 한잔 할까?

차 한 잔과 지혜의 열매

삶이 녹아있는
은은한 한 잔의 차
연둣빛 정성
다기 찻잔에 가득하니
그 향기에 취해
한 모금 머금으니
지혜의 문 열리고
그 맛 연하고 달아
쌓인 시름 잊었네

두 모금으로
메마른 대지를 촉촉이 적시었더니
꽃이 피고

세 모금
마시니
온 세상이 녹음으로
가득하고 풍요로워
지혜의 열매로 맺었구나
빈 찻잔에
게으른 하얀 나비 쉬었다 가네

청사초롱 불 밝히고

낮과 밤이 교차하는 시간
마을에 내린 긴 그림자 앞세운 함진아비
청사초롱 불 밝히고 승강이를 벌인다
함 값을 두고 시끌벅적 흥정하네

병풍 속에 원앙부부 유유히 개울가 노닐고
신부 댁 마당 화문석 위
정한수 한 사발 천천히 올라간다

부모님 서둘러 혼서지(婚書紙) 꺼내 보이면
선남선녀 축복 속에 부부가 된다

청홍 채단(綵緞) 새색시 품에 안기고
첫아들 순산하라는 덕담에
수줍은 달맞이꽃 얼굴 붉어지네

* 혼서지(婚書紙): 결혼을 허락해 준 것에 감사하며 예를 올린다는 뜻
* 채단(綵緞): 음양의 결합을 의미하는 청홍 비단

강

물안개가 자욱한 아침에
강가에 앉아본다
구름 속에 내가 있는 듯
내 속에 구름이 있는 듯
나를 감싸 안는 짙은 안개
천계(天界)로 들어가는 듯
환상 속에 나를 맡긴다

물안개 속 강을 건너본다
이승에서 못다 한 인연
저승에서 만나 이루려는가

물안개 자욱한 강을 건너
저 편에 있었던 모습 간 곳 없고
내 안에 있었던 그 모습
강물이 되어 흐른다
아득하게……
못다 한 인연으로
안갯속에 희미해져 흐른다

충실한 나의 비서

비밀이 숨어 있는 곳
하나하나 기억하기 힘든
나의 사무실 입구에
충실한 비서가 자리하고 앉아 있다

일이 잘 풀리지 않는 날은
꾸중을 듣고 때론 버림도 받지만
내일 해야 할 일까지 세세하게
미리 알고 챙겨준다

외로울 때 그는 둘도 없는 벗이 되고
죽기 전에 경험하고 싶어 하는 것들도
계획 중이라고 귀띔하고 간다

사방이 정적에 갇혀 있어도
나를 향해 서열하고 있는
수많은 단어와 숫자들
반듯하게 나열되어
부름을 기다린다

그의 지칠 줄 모르는 노고에
오늘도 나는 충실할 수 있다

희망은 우리 곁에

어둠은 빛을 안고
희망을 부릅니다
물러서기보다는
극복하고 싶습니다
허덕일 시간이 없습니다
선택만 기다릴 뿐
절망의 배
항구에서 우리를 기다리지요
희망도 손짓합니다

한파 이겨낸
목련처럼
화사하기 그지없습니다
길은 이미 열려 있습니다
어두운 밤 영롱한 보석같이
한 줌의 빛
어둠을 밀어내지요

눈물 담고
아픔 싣고
넓은 바다로 흘러가는 것은

나의 선택
눈으로 볼 수 없고
만지지 못할 뿐
우리가 희망을 버려도
잊지 않고 찾아와
문밖에 서있습니다
오늘도 그는 기다립니다
우리와 손잡기 위해

휴식

멋진 색으로 채색한 화려한 도시 밤 풍경
회색 도시 안에서 중심을 잃고 휘청거린다
덩그러니 한줄기 빛으로 다가오는
내 안으로의 여정
희망의 빛이다
그리고
나만의 시간
그런 시간 속에서
휴식하는 공간
심신의 긴장을 내려놓고
허공에서 갈 곳 잃고 방황하고 있는
낱말들을 다시 수집한다
이 밤이 끝날 때까지
……